Hartmann Wunderer

Geschichtsunterricht in der Sekundarstufe II

Mit einem Beitrag von
Franziska Conrad

Herausgegeben von

Klaus Bergmann
Ulrich Mayer
Hans-Jürgen Pandel
und Gerhard Schneider

METHODEN HISTORISCHEN LERNENS

WOCHEN
SCHAU
GESCHICHTE

Die Deutsche Bibliothek – CIP-Einheitsaufnahme

Wunderer, Hartmann:
Geschichtsunterricht in der Sekundarstufe II / Hartmann Wunderer.
Mit einem Beitr. von Franziska Conrad. Hrsg. von Klaus Bergmann … –
Schwalbach/Ts. : Wochenschau-Verl., 2000
(Methoden historischen Lernens)
(Wochenschau Geschichte)
ISBN 3-87920-743-7

Die Reihe „Methoden Historischen Lernens“
wird herausgegeben von
Klaus Bergmann
Ulrich Mayer
Hans-Jürgen Pandel
Gerhard Schneider

Satz: Kempken DTP-Service, Marburg
Umschlaggestaltung: Klaus Ohl, Wiesbaden
Druck: FVA – Fuldaer Verlagsagentur, Fulda
Gedruckt auf chlorfreiem Papier
Printed in Germany
ISBN 3-87920-743-7

Inhalt

Vorwort

Der Geschichtsunterricht in der gymnasialen Oberstufe soll die Allgemeinbildung vertiefen und die Schülerinnen und Schüler zum Studium befähigen. So werden gemeinhin die Zielsetzungen und Aufgaben des Unterrichts in der Sekundarstufe II umschrieben. Hinter diesen allgemein anerkannten Postulaten verbergen sich bei näherer Betrachtung aber einige Untiefen: Was meint Allgemeinbildung, worin besteht Studierfähigkeit? Und was bedeutet das für die Auswahl der Inhalte und Methoden des Geschichtsunterrichts in der gymnasialen Oberstufe?

Hier wird der Versuch unternommen, Chancen des Geschichtsunterrichts in der gymnasialen Oberstufe zu bestimmen, Ansprüche zu formulieren, wichtige Inhalte und Methoden zu konturieren sowie reizvolle Perspektiven zu eröffnen, die dem gegenwärtigen Stand der geschichtsdidaktischen Diskussion folgen.

Angesichts der auf knappem Raum unmöglich darstellbaren thematischen Breite der historischen Gegenstandsbereiche und der Fülle der methodischen Umsetzungsmöglichkeiten habe ich mich darauf beschränkt, einige Schneisen in dieses fachdidaktisch noch wenig vermessene Gebiet zu schlagen. Theoretische Erörterungen wurden dabei auf ein Minimum begrenzt, zumal nur wenige Lehrerinnen und Lehrer an „abgehobenen" didaktischen Reflexionen interessiert sind. Für die meisten Lehrerinnen und Lehrer ist es vielmehr von Bedeutung, wie sie ihre fachlichen und didaktischen Ansprüche im schwierigen Alltag auch tatsächlich realisieren können.

Es werden daher neben knappen theoretischen Überlegungen zahlreiche konkrete Unterrichtsideen und -materialien (vor allem in Kapitel 4) präsentiert, die mehr oder minder unmittelbar unterrichtspraktisch ein- und umgesetzt werden können und die den im 1. Kapitel ausgeführten Ansprüchen an einen Unterricht in der gymnasialen Oberstufe gerecht zu werden versuchen.

Ausgegangen wird dabei von einem Geschichtsunterricht, der nicht in einem „zweiten Durchgang" das unrealisierbare (unterrichtspraktisch wie wissenschaftstheoretisch uneinlösbare) Ziel verfolgt, den Schülerinnen und Schülern ein umfassendes historisches Grund- oder Basiswissen zu vermitteln. Denn kein Mensch weiß, was dieses Wissen alles umfassen sollte: die Daten einer fragwürdigen (und letztlich fiktiven) deutschen Nationalgeschichte oder einer wie auch immer gearteten, im Unterricht aber uneinlösbaren Universalgeschichte?

Die maßgeblich von dem Geschichtsdidaktiker Bodo von Borries durchgeführte internationale Vergleichsstudie „Youth and History" über das historisch-politische Wissen und Bewusstsein von Jugendlichen kommt zu teilweise deprimierenden Ergebnissen, die „den Geschichtslehrern die letzten Illusionen" rauben könnten. Von Borries leitet aus seinen empirischen Studien einige nüchterne Maximen für den Geschichtsunterricht ab. Eine davon sollte auch und gerade für den Oberstufenunterricht gelten: „bescheidener, aber bewusster"! Aus meiner Sicht sei ergänzt: Weniger „Stoff", aber dieser sorgfältig erörtert! Das Ziel des Oberstufenunterrichts kann nicht eine enzyklopädische historische Wissensvermittlung sein, die vor allem die Apologeten eines „zweiten Durchgangs durch die Geschichte" beschwören. Die Schule ist im übrigen nicht die wichtigste Sozialisationsinstanz für Geschichte, aber die einzige mit „Zweiweg-Kommunikation", die über die Chancen zur fachgerechten Argumentation, rationaler Verhandlung und reflexiven Diskussion verfügt.[1] Die in den folgenden Kapiteln entfalteten Ideen wollen den Leser nicht überwältigen oder erdrücken, sondern ihn eher anregen und ermutigen, auch den einen oder anderen von der Geschichtswissenschaft für unverzichtbar oder gar für sakrosankt erklärten historischen Gegenstand links liegen zu lassen, andere dafür umso sorgfältiger zu bearbeiten. Oder anders: Ein zeitgemäßer Geschichtsunterricht sollte der Ausbildung vor allem von Historizitäts- und Geschichtsbewusstsein dienen und die Schülerinnen und Schüler zur kritischen Teilnahme an der gegenwärtigen öffentlichen Geschichtskultur ermuntern und befähigen.

Viele Lehrerinnen und Lehrer, viele Schülerinnen und Schüler haben keinen unmittelbaren Zugang zu großen Bibliotheken. Aber an jeder einigermaßen gut ausgestatteten Schulbibliothek sollten für sie die Fachzeitschriften „Geschichte lernen", „Praxis Geschichte", „Geschichte in Wissenschaft und Unterricht" sowie die Kulturzeitschrift „Sozialwissenschaftliche Informationen" verfügbar sein, vielleicht auch die sozialwissenschaftlich orientierte Fachzeitschrift „Geschichte und Gesellschaft" oder „1999". Auf Texte und Unterrichtsmaterialien aus diesen Zeitschriften wird im Folgenden häufig verwiesen. Schwe-

---

1 Borries, Bodo von, Jugend und Geschichte. Ein europäischer Kulturvergleich aus deutscher Sicht, Opladen 1999, S. 6 f.

rer zugängliche Texte aus Fachzeitschriften oder wissenschaftlichen Publikationen werden in diesem Bändchen dokumentiert.

Dieses Unternehmen wurde von Hans-Jürgen Pandel und Gerhard Schneider angeregt, die mir auch manche wertvolle Hinweise gaben. Meine Wiesbadener Kollegin Dr. Franziska Conrad verfasste das Kapitel 8; ihnen allen sei herzlich gedankt!

Folgende Zeitschriften werden in den Anmerkungen abgekürzt zitiert:

GL	Geschichte lernen
GPD	Geschichte, Politik und ihre Didaktik
GWU	Geschichte in Wissenschaft und Unterricht
PG	Praxis Geschichte
SOWI	Sozialwissenschaftliche Informationen

1. Aufgaben und Zielsetzungen des Geschichtsunterrichts in der gymnasialen Oberstufe[1]

1.1 Ungelöste Streitfragen

Der Geschichtsunterricht leitet seine Aufgaben aus den allgemeinen Zielen der Sekundarstufe II ab: Die gymnasiale Oberstufe soll die Allgemeinbildung der Schülerinnen und Schüler vertiefen und sie zum Studium und zur Berufsausbildung befähigen.[2] Diese Aussage operiert aber mit mehreren unbekannten Größen, über die die allgemein- und fachdidaktische Literatur wenig konkreten Aufschluss gibt. Was meint „Allgemeinbildung", was meint Befähigung zur Berufsausbildung oder Wissenschaftspropädeutik in einer Zeit, in der sich z.B. traditionelle bildungsbürgerlich imprägnierte Vorstellungen von „Bildung" kaum noch mit sich rapide verändernden Anforderungen in verschiedenen Ausbildungs- und Berufswelten zur Deckung bringen lassen? Von den meisten Lehrern und Schülern wird die gegenwärtige Struktur des Geschichtsunterrichts in der gymnasialen Oberstufe jedoch mehr oder minder unbefragt hingenommen.

Lebhaft – aber kaum ergiebig – wird der Streit, wenn es darum geht, inhaltliche Aspekte aus den völlig überfrachteten Lehrplänen zu eliminieren, etwa die Beschäftigung mit der Antike zugunsten der neueren und neuesten Zeit zu reduzieren. Gerade Historiker und Repräsentanten von Geschichtslehrerverbänden setzen sich besonders vehement gegen manche didaktische Innovationen zur Wehr. Sie betonen eher den Aspekt des Lehrens und damit der *Wissensvermittlung*, die sich an der Logik der Fachwissenschaft auszurichten habe. In der Sekundarstufe II müsse sich der Unterricht nicht mehr an der Lebenswelt der Schülerinnen und Schüler orientieren.

---

1 Diesem Kapitel liegt mein Basisartikel in GL 68 (1999), S. 9-16 zugrunde; er wurde für dieses Buch weitgehend überarbeitet.

2 Sekretariat der Ständigen Konferenz der Kultusminister in der Bundesrepublik Deutschland (Hg.), Weiterentwicklung der Prinzipien der gymnasialen Oberstufe und des Abiturs. Abschlussbericht der von der Kultusministerkonferenz eingesetzten Expertenkommission, Bonn 1995, S. 78 f.

Hier ist zu fragen, welchen Bildungswert z.B. die Beschäftigung mit dem Peloponnesischen Krieg für sich reklamieren kann, die Behandlung des Investiturstreits, der Schleswig-Holstein-Frage 1848 oder des dänisch-deutschen Kriegs 1864[3], der Bismarckschen Bündnispolitik oder anderer vermeintlich sakrosankter Themen. Gibt es denn keine Themenbereiche, die vielleicht erheblich relevanter für die Allgemeinbildung im ausgehenden 20. und beginnenden 21. Jahrhundert sind?

Solche Fragen sind indes verkürzt, denn bei der Auswahl von historischen Gegenstandsbereichen und Themen sollte nicht allein der Stellenwert und die Dignität bedacht werden, den ein Gegenstand in der Fachwissenschaft genießt, sondern primär dessen fachdidaktische Akzentuierung, also die Frage, welchen Beitrag zur Profilierung des Geschichtsbewusstseins die Beschäftigung mit einem historischen Gegenstandsbereich eröffnet. Erst die *didaktischen Fragen* an einen historischen *Gegenstand* machen diesen zu einem *relevanten Thema*. Aber solche Anfragen an den Geschichtsunterricht in der Sekundarstufe II sucht man weithin vergeblich.

Zweifelhaft sind aber auch diejenigen Konzepte, die besonders das Lernen *methodischer Qualifikationen* betonen. Hier müsste zunächst überlegt werden, welche *Qualifikationen* aus dem Fach Geschichte tatsächlich den Anforderungsprofilen von Berufswelt und Hochschule, die ohnedies kaum gleichgesetzt werden können, entsprechen. Ferner erscheint es für den Erwerb methodischer Qualifikationen nachrangig, an welchen historischen Gegenständen oder Thematiken sie erworben werden. Quellenarbeit und -analyse ist anhand von Cicero-Reden ebenso möglich wie an Bismarck- oder Hitler-Reden. Geschichte wird dann zum beliebigen Material, der spezifische Bildungswert von Geschichte tritt hier in den Hintergrund. Bei der gegenwärtigen Betonung „methodischer Qualifikationen" scheint es ohnedies weniger um Inhalte, vielmehr um „methodische Kompetenzen" (hierzu unten) und kaum um Geschichtsbewusstsein bzw. historisches Lernen zu gehen. Darf man aber wirklich Inhalt und Methode so beliebig von einander trennen, oder müssten sie sich nicht gegenseitig durchdringen?

In der alltäglichen Unterrichtspraxis werden jedoch die angestrebten und verfolgten methodischen Qualifikationen und Bildungsstandards weniger von der gelegentlich unterrichtsfernen fachdidaktischen Diskussion bestimmt, sondern eher von Richtlinien und Schulbüchern vor-

---

3 Vgl. z.B. Kaufmann, Günter, Die Schleswig-Holstein-Frage 1848 in der Darstellung von Schulgeschichtsbüchern, in: GWU 49 (1998), S. 312-325.

gegeben. Aber auch bei dem Medium Schulbuch gehen die fachdidaktischen Grundvorstellungen extrem weit auseinander. Man vergleiche z.B. nur das „Geschichtsbuch Oberstufe" (Cornelsen Verlag) mit dem Werk „Epochen und Strukturen" (Diesterweg Verlag).[4] Zwischen diesen Werken liegen schier unüberbrückbare Welten. Das fachlich anspruchsvolle „Geschichtsbuch", das modernen gegenwartsorientierten Ansprüchen wohl am ehesten entspricht, aber die Schülerinnen und Schüler leicht überfordern kann, setzt z.B. stärker an Gegenwartsproblemen und gelegentlich an der Lebenswelt der Schüler an. Demgegenüber präsentiert das leitfadenmäßig konzipierte Unterrichtswerk „Epochen und Strukturen" eine Flut von Daten und Fakten, die offenbar dem Ziel einer enzyklopädischen Wissensvermittlung dienen soll.

Bereits der Blick auf diese unterschiedlichen Unterrichtswerke verdeutlicht, dass es unter Schulbuchautoren und Unterrichtspraktikern über die Frage des Profils des Geschichtsunterrichts in der Sekundarstufe II kaum einen Konsens gibt. Der fehlende Konsens ist an sich nicht das Problem, bemerkenswert erscheint vielmehr, dass ein großer Schulbuchverlag zu einem modernen Unterrichtswerk ein Konkurrenzprodukt entwickelt, das für Problemerörterung oder Forschungskontroversen kaum Raum lässt, vielmehr im Galopp durch alle historischen Epochen eilt.[5]

Aber auch die amtlichen „fachspezifischen Prüfungsanforderungen in der Abiturprüfung" stellen eher einen Formelkompromiss dar, der für die alltägliche Unterrichtspraxis kaum eine Bedeutung hat, allenfalls bei der Formulierung von Abituraufgaben. Erstaunlich ist dann aber, dass es hierzu kaum einen fachdidaktischen Diskurs gibt. Offenbar nehmen die meisten Lehrerinnen und Lehrer diese „verbindlichen fachspezifischen Prüfungsanforderungen" unbefragt hin. Die Auseinandersetzung über Inhalte, Arbeitsmethoden und Profile der gymnasialen Oberstufe spielt in der gegenwärtigen fachdidaktischen Diskussion nur eine stiefmütterliche Rolle, die einschlägigen Beiträge hierzu lassen sich – im Gegensatz zur Arbeit in der Sekundarstufe I – an einer Hand abzählen.

---

4 Vgl. hierzu die Rezensionen von Gerhard Honekamp in: GL 57 (1997), S. 4 f. und GL 58 (1997), S. 8 f.; ferner die Besprechungen von Rohlfes, Joachim, Literaturbericht Geschichtsdidaktik – Geschichtsunterricht, T. 3, in: GWU 48 (1997), S. 181 ff.

5 Vgl. Rohlfes, Literaturbericht.

Tatsächlich scheint der gesellschaftliche Gebrauchswert der kulturellen Kompetenz *Geschichtsbewusstsein* minimal zu sein, die Bedeutung von „historischer Kompetenz" wird im günstigen Fall von Fachleuten anerkannt, ihr gesellschaftlicher Tauschwert ist aber eher gering.[6] Ein merkwürdiger Befund in einer Gesellschaft, in der allerorten die Notwendigkeit der „Erinnerung" beschworen wird. Für andere schulische Fächer stellt sich dieses Legitimationsproblem kaum, denn der praktische Nutzen von spezialisierten physikalischen oder biologischen, ganz zu schweigen von sprachlichen Kenntnissen und Qualifikationen gilt als unumstritten.

Auf der anderen Seite ist seit längerem eine Enthistorisierung der Nachbarfächer der Geschichte zu beobachten: Der Anteil der Literaturgeschichte innerhalb des Literaturunterrichts hat sich reduziert, im Religionsunterricht spielt die Kirchengeschichte kaum noch eine Rolle, im Kunstunterricht hat sich der Schwerpunkt seit langem von der Kunstgeschichte zugunsten eigener Gestaltung verschoben, in den Fremdsprachen wurde die Landesgeschichte zugunsten von Alltagskommunikation reduziert.[7] Die historische Betrachtung kultureller Hervorbringungen des Menschen bleibt immer stärker allein dem Geschichtsunterricht überlassen. Das könnte eigentlich eine Chance sein, ist aber angesichts abnehmender Stundenzahlen eher eine Überforderung.

Betrachten wir nun einige – scheinbar selbstverständliche – Ansprüche an das Fach Geschichte in der Sekundarstufe etwas genauer; diese kritische und vielleicht auch provozierende Tour d'horizon soll dazu dienen, die fachdidaktische Reflexion der Arbeit in der Sekundarstufe II zu profilieren.

Welche Aufgaben hat der Geschichtsunterricht, welche Einsichten liefert die Beschäftigung mit der Geschichte?

- Erklärung von Gegenwartsphänomenen und -problemen durch die historische Analyse ihrer Ursachen und Entwicklung.
- Vermittlung von Orientierungs- und Handlungskategorien an historischen Gegenstandsbereichen, die Ähnlichkeiten mit Gegenwarts-

---

6 Vgl. hierzu Borries, Bodo von, Historische Projektarbeit: „Größenwahn" oder „Königsweg"?, in: Lothar Dittmer/Detlef Siegfried (Hrsg.): Spurensucher. Ein Praxisbuch für historische Projektarbeit, Weinheim–Basel 1997, S. 243-252, hier S. 251 f.

7 Borries, Bodo von, Geschichtsunterricht in der Gymnasialen Oberstufe. Realisierung, Systematik, Exemplarik, Ergebnissicherung, in: Zeitschrift für Pädagogik 42 (1996), S. 519-539, hier S. 534.

problemen haben, aber auf Grund der historischen Differenz nicht so emotional besetzt sind wie die Klärung von Gegenwartsfragen.
- Kritik und Kontrolle öffentlich wirksamer Traditionen, Analyse von „historischen Argumenten“ in der aktuellen Diskussion.
- Demonstration von Alternativen und Verflüssigung des Selbstverständlichen – Einsicht in dauerhafte Strukturen; Erfahrung des frappierend Anderen; Relativierung des heute Vorfindlichen als „natürlich“, „zwangsläufig“ oder als „normal“.
- Relevanz des Irrelevanten; Wiederentdeckung des Verschütteten, Offenhaltung des historischen Bewusstseins als Revisionsinstanz gegenüber gegenwärtig vorherrschenden Paradigmata. Die Brauchbarkeit historischer Bildung gründet insofern auch in ihrer unmittelbaren Unbrauchbarkeit.
- Erziehung zum konkreten Denken durch Prüfung einfacher, unhistorischer „Welterklärungstheorien“, Einsicht in die Mehrdeutigkeit und Multikausalität historischer Situationen.[8]

Betrachtet man diese nach wie vor eindrucksvollen Zielvorstellungen mit den oben erwähnten traditionellen bildungsbürgerlichen Erwartungen an den Geschichtsunterricht, öffnen sich Abgründe.

1.2 Zweiter Durchgang und Mythos Basiswissen

Als unumstößliches Ziel des Geschichtsunterrichts in der gymnasialen Oberstufe gilt die Vermittlung eines sicheren Überblicks- oder Basiswissens. In mehreren Bundesländern soll dieses Ziel durch den „zweiten Durchgang“ erreicht werden. Außer Zweifel steht, dass ein Orientierungswissen eine notwendige Voraussetzung zur Verortung relevanter historischer Prozesse darstellt. Unklar ist dabei, ob hierfür eine grobe Orientierung genügt oder ob unsere Schülerinnen und Schüler eine Fülle von „Daten und Fakten“ (vgl. hierzu Kapitel 2) speichern müssen. Es gibt keine überzeugende Vorstellung oder Konzeption, was denn zu diesem Basiswissen, zum historischen Grund- oder Allgemeinwissen zu rechnen sei, über dessen Nichtvorhandensein bei Abiturienten oder jungen Geschichtsstudenten freilich – und nicht erst in jüngerer Zeit – un-

8 Funktion und Didaktik der Geschichte. Begründung und Beispiele eines Lehrplans für den Geschichtsunterricht. Ergebnisse einer Arbeitsgruppe des Historikerverbandes, in: Rohlfes, Joachim; Jeismann, Karl-Ernst (Hg.), Geschichtsunterricht. Inhalte und Ziele, Stuttgart 1974, S. 106 f., hier S. 118-121.

verdrossen geklagt wird. Die tradionelle Forderung, der Geschichtsunterricht müsse ein sicheres Basis- oder Orientierungswissen vermitteln, muss jedenfalls neu begründet werden.

Gegen die – wenig konkrete – Vorstellung von der Notwendigkeit eines „historischen Grundwissens“ kann einiges eingewandt werden:

- Einen Konsens, was darunter zu verstehen sei, kann es in einer pluralistisch verfassten Gesellschaft kaum geben; ein eindeutiger Kanon wichtiger Themen, Fakten und Kentnisse ist nur in einem geschlossenen Geschichtsbild möglich.[9] Historische Fakten erlangen ihre Bedeutung erst im Rahmen geschichtstheoretischer Grundannahmen. Sie stellen ebenso wie historische Deutungen das Ergebnis eines „Konstruktionsprozesses“ von Geschichte dar, das sich nicht selten als „unideologisch“ geriert, also seine wissenschaftstheoretischen Voraussetzungen nicht zur Debatte stellt. Für eine pluralistische und demokratische Gesellschaft würde indes ein autoritatives Geschichtskonzept eine nicht hinnehmbare Zumutung darstellen.[10]
- Das sogenannte historische Grundwissen wird – wie bereits häufig nachgewiesen[11] – rasch wieder vergessen; ein solches Wissen gab es auch bei früheren Abiturienten und Geschichtsstudenten nicht. So klagten bereits Ende des 19. Jahrhunderts Universitätsdozenten: „Die jugendliche Lust an der allseitigen Ausbildung zum erwählten Berufe ist vielfach einem lauen und flachen Wesen gewichen, das sich in verschiedenster Weise übel geltend macht (...) Die Tüchtigkeit der Kandidaten für das Höhere Beamtentum und die beamtenähnlichen Berufe, wie Lehrer, Richter, Ärzte, ist neuerdings so merklich zurückgegangen, dass die Regierungen sich im Interesse des Staates überall veranlasst sehen, auf Abhilfe zu denken“.[12]
- Das historische Grundwissen – was immer auch darunter zu verstehen ist – ist nur auf dem Wege eines stoff- und lehrerzentrierten Un-

---

9 Hierzu von Borries: „Ob aber Verfassung oder Geschlechterverhältnis, Bündnissystem oder Umweltveränderung, Sozialstruktur oder Mentalitätswandel, Wirtschaftsentwicklung oder Kulturkontakt bedeutsamer sind, lässt sich nicht autoritativ-anordnend (und endgültig), sondern nur kommunikativ und argumentierend (zugleich vorläufig) entscheiden. Jenseits eines Verhandlungsprozesses, an dem die Lernenden prinzipiell beteiligt sein müssen, gäbe es nur Ideologie und Herrschaftsausübung“; Borries, Geschichtsunterricht, S. 530 f.

10 Ebd., S. 531.

11 Ebd., S. 523, 530 ff., hier weitere Nachweise.

12 Diese und weitere Kostproben finden sich in: Erziehung und Wissenschaft. Zeitschrift der Bildungsgewerkschaft GEW 3 (1998), S. 30.

terrichts vermittelbar; offene Lernformen müssen dabei zwangsläufig in den Hintergrund treten.

- Es bezieht sich in der Regel nur auf die deutsche und allenfalls mitteleuropäische Politik- und Ereignisgeschichte; die Sozial-, Wirtschafts-, Alltags-, Geschlechter-, Kultur-, Mentalitätsgeschichte usw. werden dabei großzügig ignoriert bzw. implizit abgewertet.
- Es steht in Konflikt mit der zeit- und arbeitsintensiven Auseinandersetzung mit exemplarischen historischen Teilbereichen.
- Es geht zu Lasten historischer Projektarbeit und der didaktischen Prinzipien des entdeckenden und forschenden Lernens.
- Es eignet sich kaum zur Problematisierung von Geschichtsbildern und zur Profilierung eines an Gegenwartsproblemen orientierten Geschichtsbewusstseins.

Die allgemein anerkannte, verbreitete Forderung, die gymnasiale Oberstufe solle ein sicheres Basiswissen vermitteln, birgt offenbar zahlreiche Probleme, die weder wissenschaftstheoretisch noch unterrichtspraktisch lösbar sind.

1.3 Wissenschaftspropädeutische Qualifikationen

Nach diesen skeptischen und kritischen Anmerkungen zur traditionellen Forderung „Basiswissen" nun einige Überlegungen zur Profilierung des Geschichtsunterrichts in der gymnasialen Oberstufe. Ausgegangen wird dabei von einer geschichtsdidaktischen Grundposition, die im europäischen Abendland eine ehrwürdige Tradition besitzt: Historisches Lernen meint nicht das Akkumulieren von Wissen, sondern einen Denkstil, eine Denkform, deren Kern die kritische Analyse eines historischen Problems im Licht gegenwärtiger Erfahrungen bildet, kurz: die Ausbildung von Geschichtsbewusstsein.[13]

Das sich beim historischen Lernen entfaltende Geschichtsbewusstsein[14] ist keine ein für allemal feststehende Größe, sondern ein unab-

13 Vgl. Pandel, Hans-Jürgen, Alte Sünden und neue Entwicklungen. Quelleninterpretation im Geschichtsunterricht, in: Friedrich Jahresheft 1997: Lernmethoden – Lehrmethoden. Wege zur Selbstständigkeit, S. 63-67, hier S. 64.

14 Gemeint ist hier nicht das alltagsweltliche Geschichtsbewusstsein, das mit allerlei zufälligen und individuell geprägten Vorstellungen und Deutungen angefüllt ist, sondern ein methodisch kontrolliertes Geschichtsbewusstsein.

schließbarer Prozess der Vorstellungsbildung und der Infragestellung, der von Reflexivität gekennzeichnet ist.

Karl-Ernst Jeismann definiert:
„Geschichtsbewusstsein erinnert deutend die vergangene Zeit als Horizont der Gegenwart im kommunikativen Kontakt kultureller und sozialer Spannungsgefüge und wird auf der Stufe der Reflexivität zur ‚Geschichtsbewusstheit' dessen, der über das Zustandekommen und die Bedeutung von Geschichtsbewusstsein nachdenkt."[15]

Und weiter:
„‚Geschichtsbewusstsein' (...) bedarf der Basis des Geschichtsverlangens [also eines elementaren, emotionalen Bedürfnisses der historischen Selbstvergewisserung, H.W.], es braucht die kompositorische Leistung, die im Geschichtsbild zum Ausdruck kommt, es hält die methodische Distanz historischen Verständnisses gegenüber der Dominanz gegenwärtiger Normen und Bedürfnisse über die Vergangenheitsdeutung für unerlässlich. Aber es löst das Geschichtsverlangen aus der Subjektivität und Unmittelbarkeit des persönlichen Betroffenseins, verflüssigt die Komposition der Geschichtsbilder durch die Reflexion auf deren Voraussetzungen und Funktionen und bindet das historische Verstehen wieder zurück an das Bewusstsein der Gegenwart, durch das Vergangenheit rekonstruiert wird."[16]

Diese Aussagen enthalten in extrem verdichteter Form wesentliche Elemente, die im Geschichtsunterricht der Sekundarstufe II zur Geltung kommen sollten:

- Erinnerung meint dabei die Vergegenwärtigung dessen, was in einer Gesellschaft an Wissen und Vorstellungen über die Vergangenheit überliefert wird und gegenwärtig wirksam ist.
- Diese Erinnerung muss ideologiekritisch reflektiert werden.
- Die sozial und politisch wirkmächtigen Geschichtsbilder (in denen sich Geschichtsdeutungen verdichten) sollten methodisch reflektiert werden (vgl. hierzu Kapitel 3).
- Die gegenwärtige Vergangenheitsrekonstruktionen bzw. Geschichtsbilder können bzw. müssten zu gegenwärtigen Sinn- und Bewusstseinsstrukturen in Beziehung gesetzt werden.

---

15 Jeismann, Karl-Ernst, Geschichtsbewusstsein als zentrale Kategorie der Geschichtsdidaktik, in: Schneider, Gerhard (Hg.): Geschichtsbewusstsein und historisch-politisches Lernen, Pfaffenweiler 1988, S. 1-24, hier S. 11.

16 Jeismann, Geschichtsbewusstsein, S. 14.

Historisches Lernen und Denken vollzieht sich demgemäß ähnlich wie die Arbeit eines Historikers, der ideologiekritisch vorherrschende historische Deutungen prüft, in methodisch reflektierter Weise neue oder bereits schon häufig ausgewertete historische Daten bzw. Quellen sichert, analysiert und gewichtet, auf dieser Basis historische Phänomene (neu) interpretiert und eventuell auf diese Weise zu veränderten Vorstellungen über den Geschichtsverlauf und damit über gegenwärtige Verhältnisse gelangt.

Betrachten wir nun einige Aspekte dieses abstrakten und verwickelten Begriffs „Geschichtsbewusstsein" etwas näher.

1.4 Geschichte zwischen Konstruktion und Rekonstruktion

Bei sehr vielen Schülern, aber auch bei Lehrern, ist die eigentümliche Vorstellung verbreitet, man könne Geschichte, so „wie sie tatsächlich war", etwa durch eine handwerklich sorgfältige Quellenarbeit „rekonstruieren". Als „Geschichte" gilt das, was man eben aus Quellen und seriösen Geschichtsdarstellungen entnehmen kann. (Bei Spielfilmen zu historischen Themen sind Lehrer schon deutlich kritischer.) Hinterfragt man im Unterricht etwa die Darstellung in einem Unterrichtswerk oder problematisiert man die Auswahl der Quellen, so fühlen sich einige Schüler irritiert: „Ich weiß gar nicht mehr, was ich für die Abiturvorbereitung nehmen soll." Oder „Wenn dieses Buch so fragwürdig ist, warum benutzen wir dann nicht ein anderes, das die Zusammenhänge richtig darstellt?"

Gegenüber diesem „objektivistischen Missverständnis" muss nachdrücklich an eine methodologische, erkenntnistheoretische Grundeinsicht erinnert werden, derzufolge erst die „Auswahl des erkennenden Historikers einen historischen Gegenstand schaffen kann, und dass deshalb zugleich die Betrachtungsweisen dieses Geschehens sich unaufhörlich wandeln."[17] Weiterhin gilt ein banaler Tatbestand alltägli-

---

17 Oexle, Otto Gerhard, Das Mittelalter und das Unbehagen an der Moderne. Mittelalterbeschwörungen in der Weimarer Republik und danach, in: ders., Geschichtswissenschaft im Zeichen des Historismus. Studien zu Problemgeschichten der Moderne, Göttingen 1996, S. 137; vgl. auch Daniel, Ute : Clio unter Kulturschock. Zu den aktuellen Debatten der Geschichtswissenschaft, in: GWU 48 (1997), S. 195-219 u. S. 259-278.

cher Forschungspraxis: Historische Einsichten und neue Erkenntnisse entstehen in den seltensten Fällen durch den Einsatz einer Fülle von Quellen oder durch den Fund neuer Quellen, sondern weil eben Geschichte für jede Generation neu erzählt werden muss, weil jede Generation selbst neue Erfahrungen macht und neue Fragen an die Geschichte stellt.

Ferner geht historische Methode und geschichtliche Erkenntnis keineswegs allein in handwerklich sauberer philologischer Quellenkritik auf. Quellenkritische Fragen nach Echtheit oder Fälschung, Datierung, Stil, Adressaten etc. allein leisten wenig für historische Einsichten. Quellen- und damit Geschichtsanalyse ist vielmehr ein Deutungs- und Konstruktionsgeschäft, das von bewussten oder unbewussten geschichtstheoretischen Annahmen geleitet wird, die aber im Unterricht offengelegt werden sollen und über die auch reflektiert und gestritten werden muss. Denn immerhin können verschiedene und gleichermaßen sorgfältig arbeitende Historiker auf der Basis identischen historischen Materials durchaus zu völlig unterschiedlichen Schlussfolgerungen kommen (vgl. hierzu Kapitel 4.2: Quellenarbeit).

Es gibt eben nicht *die* Geschichte, wie es uns manche Lernmedien vorgaukeln. Auch die sogenannten gesicherten Daten und Fakten erlangen erst Relevanz und Bedeutung im Kontext einer spezifisch historischen Fragestellung und geschichtstheoretischer Grundannahmen, während sie für andere Thematiken bedeutungslos sein können.

Will man die Genese und soziale Konstruktion von historischen Imaginationen (denn auch ein elaboriertes Geschichtsbewusstsein enthält viele fiktionale, imaginierte Elemente[18]), Wissen und Bewusstsein kritisch reflektieren, kann gerade ein methodisch bewusster Geschichtsunterricht hierzu einen wesentlichen Beitrag leisten.[19] Diese methodischen und methodologischen Reflexionen gehen weit über das Lernen von Arbeitstechniken hinaus, sie stellen eine wichtige Voraussetzung von „Studierfähigkeit" dar. Konkret bedeutet dies, dass eingehender als bislang geschichtstheoretische Vorannahmen und Fragestellungen mit den Schülerinnen und Schülern thematisiert und verhandelt werden sollten.

---

18 Vgl. hierzu Borries, Bodo von, Imaginierte Geschichte. Die biografische Bedeutung historischer Fiktionen und Phantasien, Köln–Weimar–Wien 1996.

19 Vgl. hierzu Daniel, Clio; Pandel, Hans-Jürgen, Legenden – Mythen – Lügen. Wieviel Fiktion verträgt unser Geschichtsbewusstsein?, in: GL 52 (1996), S. 15-19.

1.5 Methodische Qualifikationen und Historizitätsbewusstsein

Hier gilt es ein verbreitetes Missverständnis auszuräumen. Seit einiger Zeit bestimmen die Zauberformeln „das Lernen lernen" und „fachübergreifende Kooperation" die didaktische Diskussion. Entsprechende praktische Handreichungen zum „Lernen lernen" sind Legion[20], nicht aber didaktische Reflexionen zum fachübergreifenden Unterricht (vgl. hierzu Kapitel 8). Sie versprechen einen Ausweg aus den oben dargestellten Problemen. Insbesondere werden gelegentlich solche Arbeitstechniken als Schlüsselqualifikationen angesehen, die mit Gewinn auf andere Lern- und Lebensbereiche übertragen werden können.

Man sollte in diesem Zusammenhang aber genau zwischen allgemeinen „Arbeitstechniken" und Lernstrategien einerseits sowie methodischen (oder gar methodologischen) Reflexionen andererseits trennen. Arbeitstechniken wie Nachschlagen, Referatgestalten, Exzerpieren, Bibliographieren, Umgang mit Statistiken, Bildinterpretation sind sicherlich nicht nur im historischen Bereich, sondern auch in angrenzenden geistes- und gesellschaftswissenschaftlichen Fächern anwendbar. Mit *historischem Lernen* haben diese Arbeits- und Lernmethoden indes wenig zu tun.

Historisches Denken meint – wie bereits oben dargestellt – einen besonderen Denkstil, der durch das Historizitätsbewusstsein als wesentlichen Teil eines reflektierten Geschichtsbewusstseins geprägt ist. Zentral für historisches Denken ist weiterhin die Auseinandersetzung mit der Historischen Methode, die Wahrheits- oder Geltungsansprüche systematisch begründet.[21] Dies berührt insbesondere den Umgang mit Quellen (siehe Kapitel 4.2), die von den Schülerinnen und Schülern (und manchen Lehrern) oft einfach nur als Medium für verlässliche historische Sachinformationen missverstanden werden.

---

20 Vgl. z.B. Lernmethoden, Lehrmethoden. Wege zur Selbstständigkeit, Friedrich Jahresheft XV, 1997; Geschichte lernen. Sammelband Geschichte lehren und lernen, Velber 1997; grundsätzlich: Bildungskommission NRW, Zukunft der Bildung. Schule der Zukunft. Denkschrift der Kommission „Zukunft der Bildung – Schule der Zukunft" beim Ministerpräsidenten des Landes Nordrhein-Westfalen, Neuwied 1995.

21 Hierzu allgemein Rüsen, Jörn, Historische Methode, in: Handbuch der Geschichtsdidaktik, 5. Aufl., Seelze-Velber 1997, S. 140 ff.; vgl. auch hier Rüsens Artikel „Wissenschaftspropädeutik im Geschichtsunterricht", S. 340 ff.

Zum wissenschaftspropädeutischen Auftrag der Sekundarstufe II gehört es nicht, den Geschichtsunterricht als Vorbereitung eines Geschichtsstudiums zu organisieren, sondern die Schülerinnen und Schüler allgemein zu einem wissenschaftlichen Studium zu befähigen, also die Fähigkeit zur methodischen und rational-diskursiven Argumentation zu fördern. Den Geschichtsunterricht unmittelbar als Vorschule eines Fachstudiums zu konzipieren, würde – so Jörn Rüsen – bedeuten, die Schülerinnen und Schüler um die Lebensdienlichkeit des historischen Denkens zu betrügen[22], „denn dann würden die Fachgrenzen, die die Geschichte als Wissenschaft vom lebenspraktischen Gebrauch des historischen Wissens in ihrem politischen und sozialen Kontext unterscheidet, zum Gesichtspunkt schulischen historischen Lehrens und Lernens gemacht."[23] Wissenschaftlichkeit muss als Lebensform im deutenden Umgang mit der historischen Erfahrung ausgemacht und diese Lebensform dann im Geschichtsunterricht eingeübt und erlernt werden.

Es geht also nicht einfach darum, fachwissenschaftliche Professionalität zum Lernziel zu erheben. Ziel des Geschichtsunterrichts ist es vielmehr, die Schülerinnen und Schüler in die Grundlagen der Geschichtswissenschaft einzuführen, indem er ihnen auf der Basis ihrer eigenen Erfahrung („Lebenswelt") eine Vorstellung von historischer Arbeitsweise, der Leistung und der Grenzen wissenschaftlicher historischer Erkenntnis vermittelt. Dementsprechend sollten an exemplarischen historischen Themen und Prozessen gegenwärtige Strukturen und Erfahrungen historisch verortet werden, damit Schülerinnen und Schüler diese im Licht ihrer historischen Entstehung und Entwicklung reflektieren können. Die eigene unbefragt hingenommene, gleichsam „selbstverständliche" Alltagserfahrung wird durch den Bezug auf ihre historische Genese relativiert. Damit kann die dem Lernenden als „normal" oder „natürlich" erscheinende Gegenwart, können derzeitige Strukturen etwa im politischen, kulturellen oder sozialen Bereich, distanzierter wahrgenommen und kritisch reflektiert werden (Alteritätserfahrung und Historizitätsbewusstsein). Im Geschichtsunterricht wird dann u.a. auch erörtert, was wir heute in unseren Köpfen haben. So wird z.B. bei diesem Konzept die Analyse von Mythen, die das Alltagsbewusstsein durchdringen, zu einem zentralen Ziel des Geschichtsunterrichts. Geschichte als „kritische Archäologie" der Gegen-

22 Rüsen, Wissenschaftspropädeutik, S. 247 f.
23 Ebd.

wart wird für die Schülerinnen und Schüler unmittelbar relevant und identitätsstiftend, wenn der routinierte Alltag und alltägliches Bewusstsein zum Ausgangspunkt oder Thema historischer Aufklärung wird. [24] Die Quellenarbeit z.B. dient dann nicht mehr allein dazu, verlässlichen Aufschluss über historische Sachverhalte zu gewinnen, sondern die Geschichte und Gegenwart zu befragen.

1.6 Geschichtsbewusstsein im gesellschaftlichen Bedingungsfeld – Geschichte als Argument

Das alltägliche Geschichtsbewusstsein ist geprägt von zählebigen starren ideologischen Geschichtsbildern, Legenden (z.B. die Bedeutung des Autobahnbaus bei der Reduzierung der Arbeitslosenzahl oder die vermeintlich geringe Kriminalität in der NS-Zeit) und Mythen, die – wie eine Reihe empirischer Studien belegen – in der Regel den herkömmlichen Geschichtsunterricht mühelos „überleben“ (vgl. auch Kapitel 3).[25] Will der Geschichtsunterricht nicht „blind“ arbeiten und seine Wirksamkeit von vorneherein selbst infrage stellen, muss er derartige Vorstellungen aufsuchen und sich mit ihnen auseinandersetzen. Es geht also um mehr als nur um die Beachtung der geschichtsdidaktischen Prinzipien Kontroversität und Multiperspektivität, bei der ein historischer Sachverhalt aus unterschiedlichen Perspektiven betroffener Zeitgenossen dargestellt wird, während Kontroversität auf der Ebene heutiger Erkenntnis- und Deutungsweisen liegt.

---

24 Vgl. hierzu: Rüsen, Jörn, Was ist Geschichtskultur? Überlegungen zu einer neuen Art, über Geschichte nachzudenken, in: Füßmann, Klaus/Grütter, Heinrich Theodor/Rüsen, Jörn, Historische Faszination. Geschichtskultur heute, Köln–Weimar–Wien 1994, S. 3-26 und Jeismann, Karl-Ernst, Geschichte als Horizont der Gegenwart, Paderborn 1985.

25 Vgl. z.B. Borries, Bodo von, Geschichtslernen und Geschichtsbewusstsein. Empirische Erkundungen zu Erwerb und Gebrauch von Historie, Stuttgart 1988, passim. In dieser Studie werden zahlreiche in der Gesellschaft – aber auch in Schulbüchern – der Bundesrepublik wirksame stereotype Geschichtsbilder u.ä. dargestellt und analysiert. Vgl. ferner ders., Musterschüler in Ökologie, Demokratie und Gewaltlosigkeit? Geschichtsbewusstsein und Politikeinstellungen deutscher Jugendlicher im europäischen Vergleich, in: Öffentlichkeit herstellen – Forschen erleichtern! 10 Jahre Archivpädagogik und historische Bildungsarbeit – Vorträge zur Didaktik, hg. v. Rohdenburg, Günther, Bremen 1996, S. 53-85.

Maßgeblich für historisches Lernen, für den Aus- und Umbau eines Geschichtsbewusstseins in der Schule und insbesondere in der gymnasialen Oberstufe ist die Auseinandersetzung mit den verschiedenen Geschichtsbildern bzw. mit den verschiedenen Ausprägungen eines Geschichtsbewusstsein, die die Schülerinnen und Schüler bereits mitbringen und die in der Gesellschaft, in den Massenmedien[26] und natürlich auch in Schulbüchern (oft untergründig und unauffällig) lebendig und wirksam sind. Die Schülerinnen und Schüler sind dabei gleichermaßen Objekt und Subjekt historischer Reflexion – ein überaus lohnendes (und auch geschichtstheoretisch reizvolles) Unternehmen, das sich einer Lerngruppe, die den eigenen Unterricht selbst kritisch und theoretisch reflektieren will, geradezu aufdrängt.

Ferner kann dabei nach der historischen Genese und der politisch-ideologischen Funktion von Geschichtsbildern, Mythen und Legenden und der verschiedenen Ausprägungen von Geschichtsbewusstseins gefragt werden. Geschichtsbilder ermöglichen den Menschen eine Selbstverortung und die Orientierung im historischen Prozess, sie sind damit nicht nur retrospektiv, sondern beinhalten auch Optionen für die Gegenwart und Zukunft. – Daneben lohnt es sich auch, nach kollektiven und insbesondere nationalen Geschichtsbildern (eurozentrisches, christlich-abendländisches, marxistisches usw. Geschichtsbild) und deren politischer Wirkmächtigkeit zu suchen, z.B. auch in dem Schulbuch, das hauptsächlich im Kurs eingesetzt wird. Erfahrungsgemäß ist der Ertrag derartiger Bemühungen überaus spannend wie dauerhaft. Die Schülerinnen und Schüler sind nicht selten erstaunt, wie blauäugig sie selbst ihrem „objektiven“ Lernmedium gegenüberstehen.

Und schließlich bietet es sich an, nach Geschichtsbildern und -vorstellungen in früheren Epochen (etwa im Deutschen Kaiserreich oder in den USA) zu fahnden und deren geschichtliche Wirksamkeit zu erkunden. Mit aufgeweckten Oberstufenkursen sollte die Frage diskutiert werden, ob ein Mensch, ein Kollektiv oder ein Volk überhaupt ein verbindliches Geschichtsbild haben sollte.

---

26 Hierzu gibt es reichhaltiges empirisches Material, sowohl für frühere Epochen wie für die Gegenwart. Vgl. z.B. Schörken, Rolf, Begegnungen mit Geschichte. Vom außerwissenschaftlichen Umgang mit Historie in Literatur und Medien, Stuttgart 1995; Füßmann/Grütter/Rüsen (Hg.), Historische Faszination.

1.7 Interkulturelles Lernen, Alteritätserfahrung und Fremdverstehen

Kaum ein Unterrichtsfach eignet sich so hervorragend zur Vermittlung von interkulturellen Erfahrungen und zum interkulturellen Lernen wie der Geschichtsunterricht. Die Forderung, im Geschichtsunterricht den Schülerinnen und Schülern Alteritätserfahrungen (also die Konfrontation mit dem „Fremden", dem ganz Anderen) zu ermöglichen, gehört womöglich zu den am wenigsten beachteten und am seltensten eingelösten didaktischen Postulaten. Dabei erscheint gerade diese Konfrontation mit dem Fremden aus zwei Gründen didaktisch besonders lohnend: Sie weckt die Neugier zu erfahren, welche soziale und historische Logik sich hinter fremden, völlig anders strukturierten historischen und sozialen Gebilden, Denk- und Verhaltensweisen und sozialen Prozessen verbirgt[27] und sie schärft damit den Blick für das, was der Eigengruppe als völlig „normal", als selbstverständlich gilt.

Aufschlussreich ist z.B. ein Vergleich der Herausbildung des deutschen und des türkischen Nationalstaats im ausgehenden 19. und frühen 20. Jahrhundert, denn beide Prozesse waren mit einer brutalen Ausgrenzung von ethnischen Minderheiten und mit einem Genozid verbunden. Im Unterricht könnte erörtert werden, warum dies in der deutschen Gesellschaft ein Thema ist, aber nicht in der türkischen. Warum streiten türkische Historiker und Politiker vehement den Völkermord an den Armeniern ab? Warum wurde der Genozid in Deutschland zum Thema? Der Blick über den nationalen Tellerrand provoziert Fragen über die Genese und den Wandel von Geschichtsbewusstsein bzw. über kollektive Verdrängungsprozesse.

Oder ein anderes Beispiel: In welchen besonderen Formen hat sich in verschiedenen Zeiten und in verschiedenen Kulturen das sozial und politisch folgenreiche Konzept der „männlichen Ehre"[28] herauskristal-

---

27 Vgl. z.B. Cooper, Frederic, Afrika am Ende dieses Jahrhunderts. Vorstellungen und Erklärungen, in: SOWI 27 (1998), S. 220-227. Cooper analysiert hier die stereotypen Bilder, die von außen über Afrika vermittelt werden. So zeichnen die Medien in der Regel ein Panorama von Katastrophen, das den ganz anders geprägten Afrikanerinnen und Afrikanern, ihren eigensinnigen ökonomischen und sozialen Verhaltensweisen kaum gerecht wird.

28 Vgl. hierzu etwa Frevert, Ute, „Mann und Weib, und Weib und Mann". Geschlechter-Differenzen in der Moderne, München 1995 oder Nadig, Maya, Der Macho – Die Realität der Ideologie des mexikanisch-indianischen Machismo, in: Journal Geschichte 1 (1990), S. 42-53.

lisiert? Der Machismo ist ja schließlich keine bolivianische oder mexikanische Erfindung, ihn gibt es in zahlreichen Spielarten auch im alten Europa. Eine vergleichende Analyse von Männerbildern vermittelt möglicherweise differenziertere, mit Sicherheit aber erheblich spannendere Einblicke in Geschichte und Gegenwart so mancher Kulturen als die Untersuchung eines Krieges zwischen X und Y im Jahr Z …

In keinem anderen Fach wird aber in der Unterrichtspraxis immer noch eine so bornierte nationale Nabelschau betrieben wie im deutschen Geschichtsunterricht. So werden z.B. der säkulare Dekolonialisierungsprozess und dessen blutige Widersprüche in manchen Oberstufenwerken nur fußnotenartig abgehandelt. Bei der Suche nach anthropogenen Ursachen und Folgen der weltweiten Klimakatastrophe wird man in herkömmlichen Geschichtswerken nicht fündig. – Hier wirken offenbar unselige Traditionen aus der Geschichte dieser Disziplin in modifizierter Gestalt weiter, man denke nur an die politisch-ideologische Funktion des Geschichtsunterrichts im Deutschen Kaiserreich, in dem der Geschichtsunterricht eine „nationale Aufgabe" wahrnehmen sollte.[29] Die Chancen, die etwa mit der Konzipierung eines „Europäischen Geschichtsbuchs" (Klett-Verlag) verbunden sein könnten, wurden bislang nicht eingelöst oder genutzt. Der Geschichtsunterricht könnte indes ein Ort sein, wo gegenwärtige Probleme und Zukunftsaufgaben im Licht historischer Erfahrungen und in interkultureller Perspektive erörtert und geklärt werden, die den Lernenden aufschlussreiche Alteritätserfahrungen vermitteln, die sie wiederum dazu befähigen, eigenen vertrauten sozialen und politischen Wahrnehmungs- und Deutungsmustern distanzierter gegenüberzutreten.

---

29 Vgl. hierzu Schneider, Gerhard, Anpassungsdruck und Anpassungsbereitschaft – Lernen in Zeiten des Umbruchs. Die Kontroverse über Autonomie oder Instrumentalisierung der Schule am Beispiel der klassischen Bildung (1890-1914), in: SOWI 27 (1998), S. 41-49.

2. Erkenntnis- und geschichtstheoretische Grundsatzfragen

2.1 Zum Mythos der Objektivität historischer Erkenntnis

Will der Geschichtsunterricht in der Sekundarstufe II nicht „blind" arbeiten, muss er sich mit den Vorstellungen auseinandersetzen, die Schülerinnen und Schüler von „Geschichte" in den Unterricht mitbringen. Einige Beispiele für typische objektivistische Missverständnisse von Schülern aus einer 11. Klasse (die man allerdings auch bei manchen Geschichtslehrerinnen und -lehrern antreffen kann):

„In einem richtigen Geschichtsunterricht wird die Geschichte objektiv und ohne Ausschmückung beschrieben. Es werden nur Fakten bewertet, die auch nachweisbar und nicht erfunden sind. Außerdem soll dieser Unterricht die Schüler nicht politisch beeinflussen, er hat nur die Aufgabe, die Geschichte, so wie sie wirklich war, darzustellen und zu analysieren." Oder eine andere Schüleräußerung aus der gymnasialen Oberstufe: „Der Geschichtsunterricht vermittelt Fakten, die man aufgrund aufgeschriebener Texte oder gefundener Gegenstände beweisen oder stark vermuten kann."

2.2 Postmoderne Herausforderungen

Spätestens seit Hayden Whites Pionierarbeit *Metahistory* rumort es in der Geschichtswissenschaft. White war es nämlich gelungen zu zeigen, dass sich die klassischen Werke der Geschichtsschreibung in der Strukturierung ihrer Erzählung und in der Wahl ihrer Stilmittel letztlich nicht sehr von Romanen, Tragödien oder Komödien unterscheiden. Damit wurde Clio in bedenkliche Nähe zur Literatur gerückt. Manche Theoretiker – die alsbald gerne als Vertreter der Postmoderne bezeichnet wurden – gingen gar soweit zu behaupten, man könne keine klaren Grenzen zwischen Literatur und Geschichtswissenschaft ziehen. Das freilich konnten viele Historikerinnen und Historiker nicht auf sich sitzen lassen. Statt Sucher nach der wahren Geschichte, statt Entdecker dessen, wie es eigentlich gewesen ist, sollten sie nun Erfinder von Fiktionen sein, ja, schlimmer noch, sie stan-

den da wie Scharlatane, die stets vorgegeben hatten, Vergangenheit zu rekonstruieren und waren eigentlich nur Märchenerzähler. Schnell entspannte sich eine ebenso aufregende wie häufig alle Formen des fairen Austausches von Argumenten souverän ignorierende Debatte.
*(Habermas, Rebekka, Wenn Clio [ein kleines bisschen] dichtet,
in: Frankfurter Rundschau v. 7.10.1998)*

Ist es überhaupt möglich, objektives Wissen über die Vergangenheit zu erlangen? Diese Frage wird in der amerikanischen und englischen wissenschaftlichen Öffentlichkeit bereits seit längerem und erheblich intensiver als hierzulande diskutiert. Mit dieser Debatte setzte sich u.a. der in Cambridge lehrende Historiker Richard J. Evans auseinander. Gegenstand seines Buches „Fakten und Fiktionen"[1] ist also nicht die Geschichte selbst, sondern die Art und Weise, wie wir sie studieren, erforschen und lehren. Evans ist dem deutschen Publikum vor allem durch seine bemerkenswerten Studien „Kneipengespräche im Kaiserreich: Die Stimmungsberichte der Hamburger Politischen Polizei, 1892-1914" und durch seine umfassende Analyse der Cholerakatastrophe in Hamburg im 19. Jahrhundert bekannt.

Postmoderne Historiker wie vor allem Hayden White[2], Frank Ankersmit[3], Natalie Zemon Davies[4], Carlo Ginzburg[5], Dominick LaCapra[6] u.a. machen der traditionellen Historiographie den Vorwurf, dass diese den Quellen ihre eigenen Überzeugungen und Vorurteile aufzwingen, alle Perspektiven auf die Vergangenheit seien somit voreingenommen und parteiisch. In den Augen postmoderner Historiker kann die Vergangenheit, da nicht mehr existent, auch nicht sinnlich erfasst werden, sie ist gewissermaßen zum Text geworden: Quellen sind Texte, durch die wir uns die Vergangenheit aneignen, und es gibt keine Wirklichkeit jenseits der Texte, nur andere Texte. „Die Realität der

---

1 Evans, Richard J., Fakten und Fiktionen. Über die Grundlagen historischer Erkenntnis, Frankfurt/M.–New York 1998.

2 Die Bedeutung der Form. Erzählstrukturen in der Geschichtsschreibung, Frankfurt/M. 1990; Auch Klio dichtet oder Die Fiktion des Faktischen, Stuttgart 1991.

3 Historiography and Postmodernism, in: History and Theory 28 (1989), S. 137-153.

4 Die wahrhaftige Geschichte von der Wiederkehr des Martin Guerre, München 1984.

5 Der Käse und die Würmer. Die Welt eines Müllers um 1600, Berlin 1993.

6 Geschichte und Kritik, Frankfurt/M. 1987.

Vergangenheit" – so Alan Munslow – „besteht in der geschriebenen Darstellung und nicht in der Vergangenheit, wie sie *tatsächlich war* (...) Die Vergangenheit wird nicht entdeckt oder gefunden. Sie wird vom Historiker als Text geschaffen und präsentiert."[7] Daraus folgt, dass wir, wenn wir Geschichte studieren, nicht die Vergangenheit studieren, vielmehr die Konstruktionen der Historiker über die Vergangenheit. Nach Ansicht von Hayden White besteht daher kein grundsätzlicher Unterschied zwischen dem Verfassen eines historischen Buches und dem Schreiben eines Romans:

„Man muss der Tatsache ins Auge sehen, dass es bei historischen Quellen keine aus diesen selbst hervorgehenden Maßstäbe gibt, nach denen der eine Versuch, ihre Bedeutung zu rekonstruieren, einem anderen vorzuziehen wäre. (...) Wir können gleichermaßen plausible, alternative und sogar widersprüchliche Geschichten erzählen, (...) ohne die Regeln der Beweisführung oder kritische Standards zu verletzen (...) Man kann sich nicht nur eine oder zwei, sondern eine beliebige Zahl von alternativen Darstellungen eines jeden (...) kulturell bedeutsamen Ereignisses vorstellen, die alle gleichermaßen plausibel und gewichtig sind, weil sie den allgemein akzeptierten Regeln historischer Auslegung entsprechen."[8]

Eine solcherart „rekonstruierte" Geschichte relativiert in der Tat historische Einsichten und nimmt der Arbeit von Historikern viel von ihrer Beweiskraft. Postmoderne Auffassungen beinhalten somit eine existenzielle Verunsicherung der traditionellen historischen Forschung und stellen grundsätzlich die Möglichkeit einer „objektiven" Geschichtsforschung und -schreibung in Frage.

Evans geht es weniger darum, einen pauschalen Angriff gegen postmodernes Denken (die verschiedenen Richtungen, die sich hinter diesem Etikett verbergen, werden kaum näher differenziert) zu führen, sondern einen „Weg durch das Dickicht und die Minenfelder der postmodernen Debatten zu bahnen."[9] Leider stellt er diese Debatten dem deutschen Publikum nicht eingehend vor, gelegentlich wird nur ein Popanz aufgebaut, der dann argumentativ leicht erledigt werden kann. Evans erkennt durchaus an, dass alle Geschichtsschreibung moralische, politische und ideologische Absichten und Inspirationen enthält, die der Gegenwart entstammen.[10] Er wendet sich aber ganz pragma-

7 Zit. nach: Evans, Fakten, S. 98.
8 Zit. nach: ebd., S. 102.
9 Ebd. S. 9.
10 Evans, Fakten, S. 186.

tisch gegen die extremen Formen des historischen Relativismus, der die Objektivität historischer Forschung prinzipiell in Frage stellt und damit auch den Holocaust-Revisionisten Vorschub leistet. Er verkündet fast apodiktisch: „Die Vergangenheit spricht durch die Quellen und lässt sich durch diese rekonstruieren“[11], Interpretationen könnten tatsächlich durch die Berufung auf Fakten (vgl. hierzu unten aber auch den Abschnitt „Geschichtstheorien“) überprüft und bestätigt oder widerlegt werden. Hier verfehlt Evans mit seinem Hinweis auf das ausgeklügelte Instrumentarium der Quellenkritik die Einwände etwa der Dekonstruktivisten, die die „Selbstreferentialität“ von Texten betonen. Das dekonstruktivistische Verfahren fragt – extrem verkürzt formuliert – danach, was in den historischen Quellen implizit enthalten, aber in ihnen gewissermaßen unterdrückt wird, also durch das traditionelle hermeneutische Verfahren nicht erfasst werden kann.[12]

Abschließend räumt Evans ein wenig versöhnlich ein, dass die postmodernen Kritiker interessante und wichtige Ideen für eine künftige Theorie und Praxis der Geschichtswissenschaft anzubieten haben und die Aufmerksamkeit der Historiker auf wenig beachtete Aspekte von Sprache, Kultur und Ideen lenken. Die Historiker wurden von der postmodernen Herausforderung gezwungen, ihre Methoden und Vorgehensweisen auf den Prüfstand zu stellen. „Gemäßigtes“ postmodernes Denken – so Evans – habe dazu geführt, dass die Subjektivität der Historiker offen anerkannt wird, was den kritischen Lesern historischer Arbeiten zugute kommt; im Übrigen habe historische „Objektivtät“ nichts mit Neutralität, Indifferenz oder Mangel an Leidenschaft des Forschers zu tun.[13]

2.3 Geschichtstheorien

Aussagen über Geschichte sind ohne Theorien nicht möglich. Durch Theorien werden aus historischen Details Zusammenhänge gewonnen. Auch Historiker, die meinen, sie würden oder könnten auf Theorien verzichten, bedienen sich unreflektiert irgendwelcher Alltagstheorien.

---

11 Ebd., S. 125.
12 Vgl. hierzu Daniel, Clio, S. 259 ff.
13 Evans, Fakten, S. 241.

Man unterscheidet drei Gruppen von Geschichtstheorien: die erste, die Geschichtsphilosophie, beansprucht, den gesamten Gang der Geschichte und nicht nur einzelne Prozesse zu erklären. Solche geschichtsphilosophischen Denkmodelle haben u.a. Hegel, Marx, Toynbee oder Max Weber entwickelt.

Die zweite Gruppe befasst sich mit den historischen Methoden, also mit den Problemen, auf welche Weise die Geschichtswissenschaft ihre Forschung betreibt (Historik). Die dritte Gruppe schließlich besteht aus sozialwissenschaftlichen, psychologischen, ökonomischen u.a. Theorien, derer sich die Geschichtswissenschaft bedient, um bestimmte historische Prozesse zu erklären. Zu dieser Gruppe zählen z.B. die Faschismustheorien, die Modernisierungstheorien und die Rollentheorie. Solche Theorien sind bereits dann wirksam, wenn historische Fakten als solche diagnostiziert werden.

Was ist und womit befasst sich Geschichtstheorie?

Geschichtstheorie ist die Theorie der Geschichtswissenschaft. Die Antwort ist keine Selbstverständlichkeit, und zwar aus zwei Gründen. Zuerst einmal hat das Wort „Geschichte“ zwei Bedeutungen: zum einen, „das, was geschehen ist oder sich ereignet hat“ (...), und zum anderen „die Erforschung dessen, was sich ereignet hat“ (...) Das Wort „Geschichte“ verweist also gleichzeitig auf ein Ereignis und auf die Wiedergabe dieses Ereignisses. Inhalt der Geschichtstheorie ist die Analyse der Art und Weise, wie Historiker die Vergangenheit untersuchen und in Büchern, Artikeln usw. darstellen. Das heißt also, dass in der Geschichtstheorie nicht die Vergangenheit selbst erforscht wird, sondern lediglich die Art und Weise, wie Historiker sie rekonstruieren.

An erster Stelle ist die Geschichtstheorie für den Historiker relevant, da diese Spezialdisziplin – als Theorie der historischen Erkenntnis – eine Verteidigungsstellung gegen alle alten und neuen (unter anderem postmodernen) Formen des Skeptizismus einnimmt. Seit dem Altertum zweifeln Skeptiker an der Möglichkeit der Erkenntnis und haben dafür allerlei geistreiche Argumente ersonnen.

An zweiter Stelle ist die Geschichtstheorie für den Historiker relevant, da sie die Grundlagen und Voraussetzungen seiner Wissenschaft untersucht. Als Bewohner des Tempels der Wissenschaft darf man von ihm auch ein gewisses Wissen von der Struktur und den Fundamenten dieses Gebäudes erwarten. Ohne diese Kenntnisse bleibt er trotz seiner „Reiseerfahrung“ in der Dimension der Zeit ein Provinzler, da er nicht in der Lage ist, seinen eigenen Platz in diesem Gebäude zu bestimmen.

Fakten und Interpretation

Wer Vereinfachung nicht scheut, wird ohne großes Risiko das Verhältnis von Fakten und Interpretation als Kernproblem der Geschichtstheorie bezeichnen können. (...) Bei näherer Analyse erweist sich jede Beobachtung als selektiv, da sie begrifflich strukturiert ist. Mit anderen Worten, es gibt keine Beobachtung, die gegeben ist, denn jede Beobachtung stellt zugleich eine Interpretation des Wahrgenommenen dar. Und Interpretieren ist eine Aktivität des wahrnehmenden Subjekts, was wiederum bedeutet, dass Beobachtungen immer von den Begriffen abhängen, die ihm zur Verfügung stehen. Dieser Befund zeigt, dass zwischen der Tatsachenwiedergabe und dem Interpretieren der Wirklichkeit kein grundsätzlicher Unterschied besteht. Jede Wiedergabe ist bereits eine bestimmte Interpretation.

Angesichts dieser unvermeidlichen Subjektivität jeder Beobachtung kann das Streben nach Objektivität bei der Wiedergabe der Wirklichkeit nicht mehr als Bestreben erklärt werden, alle subjektiven Elemente aus ihr zu eliminieren. Der in der Geschichtswissenschaft traditionell gemachte Unterschied zwischen der objektiven Wiedergabe der Fakten und ihrer subjektiven Interpretation beruht also auf einem erkenntnistheoretischen Missverständnis: Zwischen Registrierung und Interpretation gibt es nämlich keine Grenze, ein jeder, der wahrnimmt und registriert, interpretiert zugleich auch.

(Lorenz, Chris, Konstruktion der Vergangenheit. Eine Einführung in die Geschichtstheorie, Köln–Weimar–Wien 1997, S. 1 f., 10-13, 31 f.
Vgl. hierzu auch Henke-Bockschatz, Gerhard, Annäherung an Geschichtstheorien, in: GL 68 [1999], S. 60-66. Hier finden sich weitere Texte und unterrichtspraktische Anregungen zur Arbeit mit Geschichtstheorien.)

2.4 Einige Kontroversen um moderne Geschichtstheorien

Jürgen Kocka (geb. 1941):

Die Erfahrung der letzten Jahre ist sicherlich verschieden deutbar. Aber unübersehbar, sehr erlebbar, nicht mehr verdrängbar ist seit 1989 die ausgeprägte Bedingtheit, ja Abhängigkeit der sozialen Verhältnisse, des Alltagslebens, der Lebenswelt und Kultur von der Politik, und zwar von der Politik in ihren großen, nationenübergreifenden Zusammenhängen. (...) Die Macht der großen politischen Zusammenhänge ist gegenwärtig massiv erfahrbar, und zwar als besorgniserregende Krise. (...) die Beschränkung auf bloße Mikrohistorie ohne allgemeine Fragestellungen [dürfte] zukünftig noch unbefriedigender sein. (...) Es könnte also sein, dass *politische Sozialgeschichte* mit

aufklärerischem Engagement und Interesse an großen Zusammenhängen neu an Boden gewinnt: gleichsam eine post-postmoderne Wendung. Die Sozialgeschichte des Nationalismus, die sozialgeschichtliche Analyse des Aufstiegs und des Niedergangs von Staaten, die Sozialgeschichte des Rechts, der Macht, auch der Demokratiegefährdung – das wären Themen in unserer Perspektive.
(Kocka, Jürgen, Perspektiven für die Sozialgeschichte der neunziger Jahre, in: Schulze, Winfried (Hg.), Sozialgeschichte, Alltagsgeschichte, Mikro-Historie. Eine Diskussion, Göttingen 1994, S. 33-39, hier S. 33 f.)

Wolfgang Hardtwig (geb. 1944) setzt sich mit den Leistungen und Grenzen der Alltagsgeschichte auseinander:
Als erstes wäre zu nennen: die Wiederkehr des Individuellen, das neue Interesse an Menschen mit Namen und unterscheidbarer Geschichte. (...) Das neue Interesse am Individuellen akzentuiert zweitens die alte Streitfrage nach dem Verhältnis von Ereignis und Struktur neu. Nachdem die Historische Sozialwissenschaft vor allem Wert darauf gelegt hatte, dass die Strukturen die Ereignisse prägen, warf die Alltags- und Erfahrungsgeschichte wieder verstärkt die Frage auf, wie die Ereignisse auf die Strukturen einwirken. (...) [Damit verknüpft] sich drittens ein neues Verständnis von „Macht" und „Politik". Macht – so die Botschaft der Alltags- und Erfahrungshistorie – wird zwar auch, aber nicht nur institutionell ausgeübt durch den Staat und seine Organe, durch den Grundherrn, die Kirche in Gestalt von Bischöfen, Konsistorien und Pfarrern. Macht wird auch informell ausgeübt und erfahren, in den zwischenmenschlichen Beziehungen zwischen rechtlich Gleichen oder zwischen den Geschlechtern. (...) Diese Umwertungen und Neuperspektivierungen [der Alltags- und Erfahrungsgeschichte] haben viertens den Abbau zuvor festgefügter Erklärungshierarchien mit sich gebracht. (...) Schließlich lösen sich in diesem Zerfall eindeutiger und vermeintlich universalisierbarer Erklärungshierarchien fünftens die seit dem späten 18. Jahrhundert etablierten und seither von den Historikern nie ernsthaft bezweifelten Vorstellungen von historischer Entwicklung auf. (...) Es verband sich mit dem immer heftigeren Zweifel an der Vorstellung eines unter allen Krisen und Brüchen sich durchhaltenden „Fortschritts" zur Moderne, d.h. in letzter Instanz zu einer besser oder höher entwickelten Menschheitsgesellschaft.
(Hardtwig, Wolfgang, Alltagsgeschichte heute. Eine kritische Bilanz, in: Schulze, Winfried (Hg.), Sozialgeschichte, Alltagsgeschichte, Mikro-Historie. Eine Diskussion, Göttingen 1994, S. 19-32, hier S. 21-24)

Alf Lüdtke (geb. 1943) zu den Chancen der Alltagsgeschichte:
Alltagsgeschichte zielt auf schrittweise Rekonstruktion des Handelns und Verhaltens, des Deutens und Fühlens der Menschen. Dieser Ansatz begann als wissenschaftskritisches und politisches Projekt. „Geschichte von unten" war getrieben von der Absicht, die angeblich Namenlosen in das Blickfeld zu rücken, ihnen ihre Geschichte zu zeigen (nicht ihnen zurückzugeben – sondern „den anderen" deutlich zu machen). In der ersten Welle von Betroffenheit galt es, die Heroen des Alltags beim Namen zu nennen und jene Widerständigkeiten aufzuspüren, die auch Trost für aktuelle Nöte der Forschenden selbst spenden mochten.
Inzwischen ist dieser Impetus erloschen. Mehr noch: Die Frage nach den historischen Alltagen hat ihre eigene Dynamik entwickelt. Die Einzelstudien machten deutlich, dass das Widerstehen (oder gar gezielter Widerstand) von einfachen KPD- oder SPD-Mitgliedern nach 1933 die seltene Ausnahme war. Und dasselbe gilt für Priester und Pfarrer, für Lehrer und Ärzte, aber auch für die Massen der angeblich namenlosen Frauen und Männer. Der genaue Blick in die Aneignungsweisen zeigte, wie sehr die Vielen die Herrschaftsverhältnisse, Gewaltformen und Brutalitäten gegen andere nicht nur hingenommen, sondern aktiv mitproduziert und mit-gemacht haben. (…)
Die Logik alltäglichen Durchkommens begünstigte vielmehr eine Mischung aus: Mitmachen, Hinnehmen, Zustimmen oder doch Zusehen bei Zwangsmaßnahmen gegen Menschen, die als „Fremde" galten, die zu Fremden, im NS-Regime: zu „Juden" oder „Russen" gemacht wurden. Vor allem wurde auch das Soldatsein im Krieg, das Töten wie die Gefahr des eigenen Todes in diese Fluchtlinie einbezogen: Kriegführen als Arbeit, als eine Form der „deutschen Qualitätsarbeit".
(Lüdtke, Alf, Stofflichkeit, Macht-Lust und Reiz der Oberflächen.
Zu den Perspektiven von Alltagsgeschichte, in: Schulze, Winfried (Hg.), Sozialgeschichte, Alltagsgeschichte, Mikro-Historie. Eine Diskussion, Göttingen 1994, S. 65-80, hier S. 75 f.)

Besonders lohnend ist eine Diskussion des folgenden Textes:

Welchen Wert hat die Beschäftigung mit Geschichte? Ein Dialog des Philosophen Lardreau mit dem Historiker Duby
Welche Beziehungen zueinander unterhalten jener Diskurs und jener Gegenstand, die das Wort „Geschichte" in sich vereinigt? (…)
Lardreau: (…) Könnten Sie (…) etwas über Ihre Vorstellung vom Wunsch des Historikers sagen? (…)

Duby: Ich sagte schon, daß ich von der Subjektivität des historischen Diskurses überzeugt bin, daß dieser Diskurs das Produkt eines Traumes ist, aber eines Traumes, der nicht vollkommen frei ist, da die großen Bilderschleier, aus denen er zusammengesetzt ist, ja unbedingt an Nägeln befestigt sein müssen (...). Zwischen diesen Haltepunkten dringt jedoch heimlich der Wunsch ein. (...) Letztlich sind unsere „Quellen" ja nur eine Art Stütze oder besser ein Sprungbrett, das uns gewissermaßen dazu dient, sich von ihm abzustoßen, hochzuspringen und mit größter Geschmeidigkeit gültige und abgesicherte Hypothesen über die damaligen Ereignisse oder Strukturen zu konstruieren. (...)
Lardreau: (...) daß Geschichte zu betreiben ein Sache des Wunsches ist, daß man sie zu seinem oder jemandes anderen Vergnügen betreibt, sagten Sie schon; sind Sie aber *nur* des Vergnügens willen Historiker, oder um, wie es so schön von der Dichtung heißt, „die Zeit zu vertreiben", oder glauben Sie vielmehr an einen „Nutzen" der Geschichte?
Duby: Alle Bücher, die ich geschrieben habe, habe ich nicht nur zu meiner Zerstreuung oder der anderer geschrieben, sondern deshalb, weil ich im Innersten davon überzeugt bin, daß meine Arbeit für die Menschen meiner Zeit nützlich, praktisch nützlich sein kann und daß ein Blick auf die Vergangenheit erlaubt, unseren Blick auf die Dinge der heutigen Welt, die in ständiger Bewegung sind, zu schärfen. Den historischen Diskurs zu produzieren heißt, und davon bin ich überzeugt, ein nützliches Wissen zu entwickeln. Den historischen Diskurs zu konsumieren, stellt in meinen Augen eine Übung dar, ein Training, das dazu verhilft, sich mit der Gegenwart aus einer besseren Position heraus herumschlagen zu können. (...)
Der entscheidende Wert der Geschichte (...) liegt letztlich aber in der historischen Methode selbst. Die Geschichte gibt „Lehren" insofern, als sie als Schule der *Informationskritik* den methodischen Zweifel, die Strenge lehrt. Weshalb ich auch glaube, daß die Geschichte (der Geschichtsunterricht, die Praxis der Geschichte, das Lesen historischer Werke) eine, wie man einst sagte, „Bürgerschule" ist, die dazu beiträgt, Leute heranzubilden, deren Urteilskraft freier ist, die fähig sind, die Informationen, mit denen sie bombardiert werden, bei klarem Verstand einer Analyse zu unterziehen, Leute, die fähig sind, „in Kenntnis der Sachlage" zu handeln, weniger in die Netze der Ideologie verstrickt. Die Geschichte lehrt auch die Komplexität des Wirklichen. Sie lehrt, die Gegenwart auf eine weniger naive Weise zu lesen.
(Duby, Georges; Lardreau, Guy, Geschichte und Geschichtswissenschaft. Dialoge, Frankfurt/M. 1982, S. 44ff., 179f.)

Literatur

Brieler, Ulrich, Foucaults Geschichte, in: Geschichte und Gesellschaft 24 (1998), S. 248-282

Daniel, Ute, Clio unter Kulturschock. Zu den aktuellen Debatten der Geschichtswissenschaft, in: GWU 48 (1997), S. 195-218 u. S. 259-278

Evans, Richard J., Fakten und Fiktionen. Über die Grundlagen historischer Erkenntnis, Frankfurt/M.–New York 1998

Henke-Bockschatz, Gerhard, Annäherung an Geschichtstheorien, in: GL 68 (1999), S. 60-66

Lorenz, Chris, Konstruktion der Vergangenheit. Eine Einführung in die Geschichtstheorie, Köln, Weimar, Wien 1997

Schulze, Winfried (Hg.), Sozialgeschichte, Alltagsgeschichte, Mikro-Historie. Eine Diskussion, Göttingen 1994

White, Hayden, Auch Klio dichtet oder Die Fiktion des Faktischen, Stuttgart 1991

3. Geschichtsbilder und Mythen

Das alltägliche Geschichtsbewusstsein wird durchdrungen und beherrscht von Geschichtsbildern und Mythen; Fiktionales mischt sich mit Faktischem. Die Werbung bedient sich ihrer wie die politische Rede, Geschichtsbildern und -mythen begegnet man auf Schritt und Tritt. Unter Mythen sollen hier nicht die großen alten Erzählungen, die Götter- und Heroengeschichten verstanden werden, sondern mystifizierende Erzählungen, die Personen und Ereignissen bestimmte Merkmale und historisch-politische Wirkungen zuschreiben (z.B. Bismarck, der als „eiserner Kanzler" die deutsche Einheit schuf). Derartige Mythen schließen rationales Denken aus und produzieren in der Regel schlichte, eingängige Geschichtsbilder. Der Begriff „Mythos" meint indes sehr unterschiedliches:

- Er bezieht sich auf Vorstellungen, die unbefragt und gleichsam selbstverständlich Gültigkeit beanspruchen und die eine Grundlage für Lebensorientierung und soziale und politische Sinninterpretation mit Wahrheitsanspruch darstellen.
- Der Begriff meint nicht selten auch unreflektierte Vorstellungskomplexe (Geschichtsbilder), die bereits durch die historische Forschung bezweifelt oder widerlegt sind (z.B. der Autobahnbau im „Dritten Reich", der die Arbeitslosigkeit rasch beseitigt habe), die aber gleichwohl durchaus immer noch in den Köpfen vorhanden sind und eine gewisse Wirksamkeit entfalten. Hierzu zählen beispielsweise die Vorstellungen über die Währungsreform und den Marshallplan in der Nachkriegszeit als Beginn des „Wirtschaftswunders".
- Im Extremfall bewegen sich Mythen daher auch in der Nähe von massenwirksamen Ideologien und ideologisch motivierten Legenden oder gar Lügen (z.B. die Dolchstoßlegende), die über eine bemerkenswerte Zählebigkeit verfügen und die durch eine kritisch-rationale Aufklärung nicht so ohne weiteres aus der Welt geschafft werden können.

Die vor allem durch die Massenmedien, die Kultur- und Tourismusindustrie produzierte Geschichtskultur ist geprägt durch ein Amalgam von Mythen, Fiktionen, Legenden und Wissenschaftswissen. Man denke nur an die „Ritterspiele" auf „historischen Marktplätzen" in manchen deutschen Mittelstädten mit „historischen" Fachwerkgebäuden. Solche Inszenierungen oder öffentliche Spektakel in historischem Gewand sind nicht einer historischen Wahrheit verpflichtet, sondern schlicht dem Massentourismus und dem Kommerz. Ähnliches gilt für Spielfilme mit historischen Themen („Ben Hur", „Cäsar und Cleopatra", die verschiedenen „Robin Hood"-Filme usw.; vgl. hierzu auch Kapitel 4.6: Clio geht ins Kino), die vor allem das Bedürfnis nach „prallen Bildern" und dramatischen Szenen befriedigen (so das berühmte Wagenrennen und die Seeschlacht in „Ben Hur").

Mythen können aber auch eine beachtliche politische Wirkung entfalten, eine kollektive Identität begründen, Fremd- und Feindbilder schaffen, Hoffnungen oder Ängste auslösen, Widerstandshandlungen motivieren usw. Man denke etwa an den Rhein als nationale Grenze, die „Stunde Null" als Teil des Gründungsmythos der Bundesrepublik, den Kosovo als „heiliges Kernland" Serbiens; die Erinnerung an die „Inflation von 1923", die der jungen Weimarer Demokratie in die Schuhe geschoben wurde, trug z.B. maßgeblich zu Brünings fataler Deflationspolitik bei. Die Nationalsozialisten mobilisierten geradezu eine Flut historischer Mythen zur Legitimation ihrer Politik usw.

3.1 Didaktische Folgerungen

Ein dem modernen Wissenschaftsverständnis verpflichteter Geschichtsunterricht trägt seinen Teil dazu bei, dass die gegenwärtige Geschichtskultur so unübersichtlich strukturiert ist. Denn ebenso wie die Geschichtswissenschaft hat der Geschichtsunterricht (vgl. Kapitel 2) seine naive Unschuld längst verloren. Denn er kann und will nicht mehr vermitteln, „wie es eigentlich gewesen" ist, sondern er hat diskursiven Charakter angenommen. Neue oder veränderte theoretische Annahmen verändern die scheinbar unverrückbar „feststehenden Fakten" ebenso wie die Deutungen des Geschichtsverlaufs und damit mindestens implizit die Interpretationen von gegenwärtigen Verhältnissen und Strukturen.[1]

Historische Mythen müssen nicht unbedingt entlarvt oder destruiert werden, denn gerade die fantasievolle Imagination, die sich nicht in stereotypen Bildern erschöpft, macht Geschichte spannend und reizvoll,

1 Vgl. Pandel, Hans-Jürgen, Legenden – Mythen – Lügen. Wieviel Fiktion verträgt unser Geschichtsbewusstsein?, in: GL 52 (1996), S. 15-19. Dieser Basisartikel ist grundlegend für das Thema Mythen. GL 52 enthält eine Reihe von Unterrichtsmodellen zu berühmten und historisch folgenreichen Mythen, z.B. zu Luthers „Thesenanschlag", den Nibelungenmythos, die Präventivkriegslüge 1941, die Dolchstoßlegende, den Mythos vom „Wilden Westen".

provoziert Tagträume oder auch Utopien. Eine restlos vom Fiktiven gereinigte Geschichte ist kaum vorstellbar und auch gar nicht wünschenswert, und gerade der fiktionale Anteil am Geschichtsbewusstsein ermöglicht ein kreatives Spiel mit Geschichte und der eigenen Identität. Nur sollte man im Unterricht den Status von Aussagen über Geschichte (und damit auch von Gegenwart) einschätzen und reflektieren lernen.

Will der Geschichtsunterricht nicht „blind" arbeiten, muss er die Vorstellungen ernst nehmen, die die Schülerinnen und Schüler in den Unterricht mitbringen, aber auch die Vorstellungen, die in der Gesellschaft bzw. in der politischen Öffentlichkeit über historische Ereignisse, Prozesse und Epochen etc. virulent sind und die das alltägliche Geschichtsbewusstsein prägen. Will der Geschichtsunterricht reflektiertes Geschichtsbewusstsein vermitteln, kann er besonders bei diesen verbreiteten und in der Regel unreflektierten Vorstellungskomplexen ansetzen. Gerade dann werden zählebige oder „sterile" Geschichtsbilder in Bewegung gebracht und solche Lerneffekte sind ohne Zweifel dauerhafter und wichtiger als das Lernen historischer Ereignisse.

Für die Schülerinnen und Schüler kann es aber möglicherweise recht frustrierend sein, wenn ihre eigenen Geschichtsbilder und -mythen als solche „entlarvt" werden. Daher sollte man bei diesem Thema behutsam vorgehen. Denn schließlich kann es nicht einfach darum gehen, Mythen und Legenden im Unterricht zu „widerlegen", sondern darum, sie offenzulegen und zu bearbeiten, ihren Entstehungskontext zu untersuchen und sie auf ihre ideologischen Konnotationen hin zu befragen. Schließlich sollte erörtert werden, warum sie über eine so ungebrochene Wirksamkeit bis in die Gegenwart verfügen. Spätestens hier kommen dann die versteckten und heimlichen, aber dafür umso wirksameren Agenturen und Medien der öffentlichen Geschichtskultur zur Sprache, die vielleicht sogar mit dem Anspruch historischer Aufklärung auftreten, dabei aber beliebte und stereotype Vorstellungen am Leben erhalten.

Auf der anderen Seite bietet die „Mythenzertrümmerung" neben der überraschenden Erkenntnis auch einen unmittelbaren Lustgewinn. So schallte einem Deutschlehrer, als er bei der Behandlung der „Trümmerliteratur" nach 1945 das „völlig zerstörte Deutschland" beschwor, kollektiv und lautstark „das ist doch nur ein Mythos" entgegen. Im Geschichtsunterricht hatten die Schülerinnen und Schüler erfahren, dass das Ausmaß der Zerstörung bei Industrieanlagen nur sehr gering war, ein wichtiger Faktor des sogenannten Wirtschaftswunders, das nicht einfach nur mit Währungsreform und Marshallplan erklärt werden kann, sondern mit einer Reihe ökonomisch wesentlich entscheidenderer Faktoren, etwa der für den deutschen Export äußerst günstigen DM-$ Parität. Im übrigen gab es auch in der DDR, trotz Demontagen und Planwirtschaft, ökonomisch betrachtet, in der Nachkriegszeit ein „Wirtschaftswunder". Im kollektiven Gedächtnis der Westdeutschen und für die Legitimation des politischen und ökonomischen Systems spielte die Behauptung eines „Wirtschaftswunders" eine eminente Bedeutung.[2]

Nicht minder erhellend und geeignet, fest gefügte Geschichtsbilder zu erschüttern, kann die schlichte Information sein, dass in protestantischen Gegenden „Hexen" nicht weniger verfolgt wurden als in katholischen. Die unterschwellig wirksame intellektuelle Arroganz von manchen Protestanten, die sich gegenüber der „reaktionären" katholischen Kirche als „fortschrittlicher", „moderner" oder „aufgeklärter" dünken, kann dadurch einen heilsamen Dämpfer bekommen. Die selbstsichere Selbst- und abwertende Fremdeinschätzung bedient sich offenbar auch tief verwurzelter historischer Mythen.[3]

Bereits diese wenigen Beispiele mögen verdeutlichen, dass die Arbeit an Geschichtsbildern und Mythen in hohem Maße produktiv sein kann für die Ausbildung eines lebendigen und reflexiven Geschichtsbewusstseins.

Hier noch stichwortartig einige weitere Beispiele für verbreitete und gelegentlich sogar durch Unterrichtswerke tradierte Mythen:

---

2 Vgl. hierzu Abelshauser, Werner, Die Langen Fünfziger Jahre. Wirtschaft und Gesellschaft der Bundesrepublik 1949-1966, Düsseldorf 1987; Lindlar, Ludger, Das missverstandene Wirtschaftswunder. Westdeutschland und die westeuropäische Nachkriegsprosperität, Tübingen 1997.

3 Vgl. hierzu Behringer, Wolfgang, Neun Millionen Hexen. Entstehung, Tradition und Kritik eines populären Mythos, in: GWU 49 (1998), S. 664-685. Millionen von Hexen seien in Europa verbrannt worden, wird immer wieder durch Medien verbreitet. Behringer deckt die dubiose Herkunft dieses Märchens auf und legt die Interessen der verschiedenen Gruppen, (also der Protestanten, Aufklärer, feministische Gruppen u.a.) dar, die an der Verbreitung dieses Vorstellungskomplexes – oft wider besseren Wissens – beteiligt waren. Vgl. zu diesem Thema auch die folgenden materialreichen Beiträge: Schwerhoff, Gerd, Vom Alltagsverdacht zur Massenverfolgung. Neuere deutsche Forschungen zum frühneuzeitlichen Hexenwesen, in: GWU 46 (1995), S. 359-380; Rogge, Roswitha, Hexenverfolgung in Hamburg? Schadenzauber im Alltag und in der Justiz, in: GWU 46 (1995), S. 381-401; Lange, Thomas, Hexenverfolgung im Unterricht. Ein regionalgeschichtliches Thema im Wandel von kulturgeschichtlicher Aufklärung zum ethnologischen Lernen, in: GWU 46 (1995), S. 402-420.

Matriarchat: Lieblingsmythos mancher feministischer Historikerinnen, der von empirisch „seriös" arbeitenden Historikern allenfalls mitleidig belächelt wird.[4] Spannend bei diesem Thema kann es aber werden, wenn die politisch-ideologischen Motive und Begründungen der Gegner und Befürworter der Matriarchats-These diskutiert werden. Auch bei diesem Beispiel wird deutlich, dass es im Unterricht nicht um die Bestätigung oder Widerlegung eines tatsächlichen oder vermeintlichen Mythos gehen sollte, sondern um die gegenwärtigen sozialen Implikationen dieses Disputs.

„1000 Jahre Deutsches Reich".[5]

Im Mittelalter wütete die *kirchliche Inquisition* und brachte auf grauenvolle Weise zahllose, vermeintlich vom „rechten Glauben" abgefallene Menschen um. Fatal und angesichts der Opfer ungerecht wäre es, die brutalen Folgen der Inquisition zu relativieren. Auf der anderen Seite muss aber auch betont werden, dass die Inquisition, u.a. durch ihr schriftliches Verfahren nicht nur für die historische Forschung wichtige Quellen produzierte, sondern in die Strafprozesse ein – gemessen an den früheren Gerichtsverfahren – rationales Element einführte, das nicht unterschätzt werden sollte. Es wurden auch Angeklagte von Inquisitionsprozessen freigesprochen, da ihnen keine Häresie nachgewiesen werden konnten, man denke nur an Jeanne d'Arc, die von der Inquisition nicht verurteilt wurde.

Der Topoi von der *moralisch verkommenen Kirche* und das *„sittenlose" Papsttum* waren entscheidende Voraussetzungen der kirchlichen Reformbewegungen wie der Reformation. Dieser Mythos wird sogar noch in den allermeisten Geschichtsbüchern vermittelt, er dient indirekt auch als klassische Rechtfertigungsideologie für die abendländische Kirchenspaltung; er förderte den intellektuellen Hochmut von „moralisch integren" Protestanten gegenüber der „sittlich verkommenen", „rückschrittlichen", „machtorientierten" katholischen Kirche.[6]

---

4 Vgl. Wesel, Uwe, Der Mythos vom Matriarchat. Über Bachofens Mutterrecht und die Stellung von Frauen in frühen Gesellschaften, Frankfurt/M. 1980.

5 Vgl. hierzu Schulze, Hagen, Gibt es überhaupt eine deutsche Geschichte?, Stuttgart 1998. Schulze entwickelt hier die These, dass die deutsche Geschichte im Sinne einer ungebrochenen Kontinuität der deutschen Nation seit dem Mittelalter, womöglich sogar seit den Germanen, eine Erfindung des 19. Jahrhunderts ist, die der Forderung nach einem Nationalstaat eine historische Legitimation verschaffen sollte. – Zu der Vorstellung, die Germanen seien „unsere Vorfahren", vgl. Veit, Georg, Germanen, Kelten, Römer und Slawen. Kulturvermischung im Gebiet des heutigen Deutschland, in: GL 29 (1992), S. 20-25.

Weit verbreitet sind die Vorstellungen von *Sozialbanditen*, die sich für die Belange und Interessen der „kleinen Leute" einsetzten und ihren Kampf gegen die Obrigkeiten mit den ungerechten sozialen Verhältnissen rechtfertigten.[7]

Zu einem weiteren Mythos zählt die Vorstellung vom Kinderreichtum der Familien und dem frühen Heiratsalter von Frauen und Männern im Mittelalter und in der Frühen Neuzeit. Diese Vorstellung zählt zu den zählebigsten und unausrottbarsten Mythen der Geschichte. Tatsächlich wurden Ehen im Mittelalter und in der Frühen Neuzeit kaum früher geschlossen als heute, nämlich im Alter von 26 bis 28 Jahren.

Zu Familienstrukturen der Neuzeit:
Lange Zeit war man der Meinung, dass vorindustrielle Gesellschaften ohne Unterschied von großen und mehrgenerationellen Haushalten geprägt worden wären. Die Untersuchung von Heiratsmustern und Haushaltsstrukturen in großen Teilen Nordwesteuropas vom 16. bis zum 20. Jahrhundert hat jedoch gezeigt, daß viele ursprünglich den industriellen Gesellschaften zugeschriebene Merkmale schon lange vor ihrer Herausbildung beobachtet werden können. Wie später im 19. Jahrhundert waren die Haushalte im vorindustriellen Nordwesteuropa klein. Sie bestanden im Durchschnitt aus vier bis fünf Personen und schlossen nur selten verheiratete Kinder oder entferntere Verwandte mit ein. Auch die Verehelichung erfolgte erst spät, in der Regel zwischen der Mitte und dem Ende der Zwanziger, und die Mehrheit der Kinder, sowohl der Buben wie auch der Mädchen, begann den elterlichen Haushalt schon um die Mitte des zweiten Lebensjahrzehnts zu verlassen, um als Dienstboten in den Haushalten Nichtverwandter zu arbeiten.
(Wall, Richard, Zum Wandel der Familienstrukturen im Europa der Neuzeit, in: Ehmer, Josef; Hareven, Tamara K.; Wall, Richard [Hg.], Historische Familienforschung. Ergebnisse und Kontroversen, Frankfurt/M. 1997, S. 255)

---

6 Vgl. Bühler, Arnold, Von sittlosen Päpsten und verdorbenen Mönchen. Die Kirchenreform des 11. Jh. im Geschichtsunterricht, in: GWU 50 (1999), S. 155-162.

7 Seidenspinner, Wolfgang, Der Mythos vom Sozialbanditen, in: GWU 49 (1998), S. 686-701. Seidenspinner deutet den populären Robin-Hood-Mythos als ein literarisches Phänomen. (Zu den Robin-Hood-Filmen vgl. auch Kapitel 4) Das geschichtswissenschaftliche Sozialbanditenkonzept beschreibt Seidenspinner zufolge keine historische Wirklichkeit, sondern wurde aus der literarischen Tradition entwickelt.

Durchschnittliche Zahl der Personen pro 100 Haushalte: England, 17.-20. Jahrhundert					
Jahr	Haushaltsvorstand / Ehegatte	Unverheir. Kinder	Verwandte	Dienstboten	Gesamt
1650-1749	167	182	20	51	420
1750-1821	175	209	22	51	457
1851	168	201	31	25	425
1901	173	214	33	17	437
1971	170	96	12	0	278

(Quelle: Wall, Richard, Zum Wandel der Familienstrukturen im Europa der Neuzeit, in: Ehmer, Josef; Hareven, Tamara K.; Wall, Richard [Hg.], Historische Familienforschung. Ergebnisse und Kontroversen, Frankfurt/M. 1997, S. 280; vgl. hierzu auch Livi Bacci, Massimo, Europa und seine Menschen. Eine Bevölkerungsgeschichte, München 1999)

Abenteuerliche Vorstellungen sind auch über die reale Macht der absolutistischen Fürsten verbreitet. Der Historiker und Absolutismusspezialist Peter Baumgart vermerkt hierzu ernüchternd:

Wie absolut war der Absolutismus?

So neuartig die innere und äußere Gestalt jenes „frühmodernen" Staates den betroffenen Zeitgenossen erscheinen musste, so relativ „fortgeschritten" ihn die Historiker im Vergleich zu älteren Herrschafts- und Regierungsformen einstuften, so altertümlich muß er uns heute, im letzten Drittel des 20. Jahrhunderts, vorkommen. Die machtpolitischen Auseinandersetzungen der Fürsten des 17. und 18. Jahrhunderts wirken nunmehr eher gezügelt und begrenzt; die territorialen Ziele ihres kriegerischen Eroberungsehrgeizes muten heute beinahe bescheiden an. Eine kühle, von den Interessen seines Staates diktierte „Staatsvernunft" band selbst den ungebärdigsten Herrscherwillen an bestimmte Spielregeln und Konventionen. Die unbestrittene Geltung des Rechts und die religiöse Tradition setzten der Herrscherwillkür schwer zu übersteigende Schranken.
Aus der Perspektive unserer bürokratisierten und nahezu total verwalteten Welt mit ihren tiefgreifenden Konsequenzen für jeden einzelnen Bürger

wirken die kräftige Intensivierung der Staatstätigkeit und der Ausbau der Verwaltungsorganisation im Innern der monarchisch-absolutistischen Staaten geringfügig. Der Abstand der Möglichkeiten damaliger Administration gegenüber den im „Computerstaat" zu unheimlicher Perfektion gediehenen Methoden der Erfassung und Reglementierung jedes einzelnen erscheint gewaltig. Die absolutistische Verwaltung beanspruchte und kontrollierte den einzelnen weder bis in alle Details der privaten Lebensführung hinein, wie es heutzutage wenigstens versucht wird, noch auch besaß sie den brutalen Willen, geschweige denn die technischen Hilfsmittel dazu. An eine von außen gesteuerte Manipulation der öffentlichen Meinung und Propaganda großen Stils, die über die Menschen moderner totalitärer Staaten niedergeht, war in den absolut regierten Staaten nicht zu denken.

Auch für Brandenburg-Preußen gilt, was wir inzwischen als ein weitgehend gesichertes Ergebnis (...) bezeichnen dürfen, nämlich daß eine offenkundige Diskrepanz besteht zwischen dem umfassenden autokratischen Anspruch monarchisch-bürokratischer Herrschaft und seiner realen Durchsetzung in den einzelnen Bereichen der staatlich-gesellschaftlichen Wirklichkeit. Wir müssen auch dort von der Fortexistenz des „Nichtabsolutistischen im Absolutismus" ausgehen. Nirgendwo hat der „Militär-, Wirtschafts- und Verwaltungsstaat", wie er seit dem späteren 17. Jahrhundert entstand und im Laufe des 18. Jahrhunderts dann seine charakteristische Ausprägung fand, sich vollständig durchzusetzen vermocht. (...)

Im Hinblick auf die epochalen Veränderungen unserer eigenen Zeit erweist sich demnach rückblickend der „preußische Absolutismus" (...) weder als geeignetes Vergleichsobjekt für Erscheinungsformen gegenwärtiger totalitärer Staatlichkeit, noch kann er länger als ein Muster des „modernen Staates" gelten. Als geschichtliches Gebilde in ihrer Zeit tritt uns die altpreußische Monarchie des 18. Jahrhunderts nach einer langen Vorgeschichte zwar als ein vergleichsweise zentralisierter, disziplinierter und reglementierter Militär-, Wirtschafts- und Verwaltungsstaat entgegen. Aber auch dort bleibt die Verfassungswirklichkeit weitaus stärker durch vorabsolutistische Institutionen, durch ständische Zwischengewalten und sogar durch Gegenkräfte, die aus ihm selbst entbunden wurden, gezügelt, als eine ältere, ganz auf den „modernen Staat" fixierte Geschichtsbetrachtung oder die eigene Staatstheorie der preußischen Monarchen uns glauben machen wollten. Deshalb kann vielleicht, zugespitzt formuliert, gesagt werden, daß der „preußische Absolutismus" weniger in der Realität denn als (...) Kunst- und Kampfbegriff fortexistiert.

(Baumgart, Peter, Wie absolut war der preußische Absolutismus?, in: Preußen. Beiträge zu einer politischen Kultur, Berlin 1981, S. 89 ff.)

Der *eiserne Kanzler* schmiedete die deutsche Einheit! Selbst in neuesten Bismarck-Biographien[8] wird immer noch diese personalisierende Sicht vertreten. Dass dabei nüchterne und prosaische ökonomische Faktoren, man denke nur an die überaus kostspielige Zollverwaltung der deutschen Einzelstaaten oder die Koordination des Eisenbahnbaus, eine nicht minder wichtige Rolle spielten, wird dabei vollständig ignoriert. Der Bismarck-Mythos wirkt offenbar bis in die unmittelbare Gegenwart.[9]

Die Mythen der feudalen Eliten des Deutschen Kaiserreichs, mit denen sie die Schuld am Ausbruch des Ersten Weltkriegs und ihren Anteil an der Kriegsniederlage erfolgreich und historisch folgenreich verdrängten und kaschierten *(Einkreisungslegende, Überfallthese, Dolchstoßlegende)*, sind hinglänglich bekannt und bedürfen keiner weiteren Erörterung.[10]

„Die *Inflation* gelangte *1923* zu ihrem Höhepunkt". Diese Aussage ist oberflächlich betrachtet natürlich richtig, aber mit ihr wird implizit der jungen Weimarer Republik das ökonomische Desaster, das der Erste Weltkrieg hinterlassen hat, in die Schuhe geschoben. Kaum eine Aussage ist ökonomisch missverständlicher als diese weit verbreitete Auffassung, die sich erstaunlicherweise noch immer in vielen Geschichtsbüchern findet. Tatsächlich hatte – bedingt durch die Politik der Kriegsfinanzierung der Jahre 1914-1918 – die Reichsmark bereits am Kriegsende mehr als die Hälfte ihrer Kaufkraft eingebüßt. Der Wertverlust des Geldes im politischen Krisenjahr 1923 hingegen war minimal und ökonomisch irrelevant.[11]

Die Mythen und Legenden des „Dritten Reichs" (*Autobahnbau, geringe Kriminalität, Katyn, Kollektivschuld, Röhmputsch* usw.) sind gut dokumentiert, auf sie muss hier nicht näher eingegangen werden.[12]

---

8 Vgl. z.B. Schwarzmüller, Theo, Otto von Bismarck, München 1998.

9 Vgl. zu den sozialgeschichtlichen Faktoren der Reichseinigung: Wehler, Hans-Ulrich, Deutsche Gesellschaftsgeschichte. Bd. 3: Von der „Deutschen Doppelrevolution" bis zum Beginn des Ersten Weltkrieges 1849-1914, München 1995; zum Bismarck-Mythos: Machtan, Lothar (Hg.), Bismarck und der deutsche Nationalmythos, Bremen 1994.

10 Vgl. hierzu die Textauszüge (Zechlin und Geiss) in: Weltgeschichte im Aufriß, Bd. 3/1: Vom Ersten Weltkrieg bis 1945, Frankfurt/M. 1976, S. 42-45.

11 Vgl. hierzu Prokasky, Herbert, Kriegsinflation und Weimarer Republik, in: GL 67 (1999), S. 27-33.

12 Benz, Wolfgang, Legenden, Lügen, Vorurteile. Ein Wörterbuch zur Zeitgeschichte, München 1992. Dieses kleine lexikalisch angelegte Werk setzt sich in

1945, eine Stunde Null: Die politisch-ideologischen Implikationen des Mythos „Stunde Null" liegen auf der Hand: Die junge Bundesrepublik behauptete einen völligen Bruch mit der NS-Zeit, einen radikalen demokratischen Neuanfang, der die politischen, personellen, ökonomischen und ideologischen Kontinuitätslinien zur NS-Zeit grundsätzlich bestritt.[13]

Geschichte als Fortschritt: Die Vorstellung, dass die geschichtliche Entwicklung zu einer menschheits- oder zivilisationsgeschichtlichen „Höherentwicklung" führt, ist tief verwurzelt. Viele Schulgeschichtsbücher vermitteln noch immer diese Vorstellung. Sie stammt aus dem 18. und vor allem aus dem 19. Jahrhundert, bedarf aber nicht nur angesichts von Auschwitz einer kritischen Revision. Auch die barbarischen Nationalitätenkonflikte zwischen Deutschland und Frankreich, den Polen und den Deutschen, in der ehemaligen Sowjetunion oder auf dem Balkan nötigen zu einer Reflexion der Vorstellung von „Geschichte als Fortschritt".

Diese kleine Liste von verbreiteten und folgenreichen Geschichtsmythen lässt sich schier beliebig verlängern. Die Thematisierung derartiger Mythen ist gerade im Oberstufenunterricht lohnend, da sie den Schülerinnen und Schülern einen kritischen Zugang zur öffentlichen Funktion von Geschichtskultur ermöglicht, ferner einen Eindruck von der Relativität und dem Wandel historischer „Gewissheiten" vermittelt und schließlich ein lebendiges Geschichtsbewusstsein fördert.

---

91 Artikeln (von Ahnenerbe, Auschwitzlüge, Befehlsnotstand, Dolchstoßlegende bis Zweiter Weltkrieg) kritisch mit verbreiteten Vorstellungen vorrangig aus und über die NS-Zeit auseinander und widerlegt diese. Vgl. hierzu auch weitere Beispiele bei Niethammer, Lutz, Über Kontroversen in der Geschichtswissenschaft, in: Schneider, Gerhard (Hg.), Geschichtsbewusstsein und historisch-politisches Lernen, Pfaffenweiler 1988, S. 205-230.

13 Grundsätzlich hierzu: Frei, Norbert, Vergangenheitspolitik. Die Anfänge der Bundesrepublik und die NS-Vergangenheit, München 1997.

4. Werkzeug- und Methodenkiste

4.1 Vorbemerkung

In diesem Kapitel werden relevante Medien, die im Geschichtunterricht der Sekundarstufe II eine besondere Rolle spielen oder spielen sollten, auf ihre Qualität für die Herausbildung eines reflektierten Geschichtsbewusstseins hin befragt.

Zur Erinnerung: Ziel des Geschichtsunterrichts in der gymnasialen Oberstufe kann es nicht vorrangig sein, einfach nur ein „umfassendes" Geschichtswissen (was auch immer dieses umfassen sollte) zu erwerben, sondern darum, eine offene und im Hinblick auf gegenwärtige Diskurse produktive Fragehaltung gegenüber Medien der Geschichtsvermittlung und der gegenwärtigen Geschichtskultur zu entwickeln. Es geht also nicht allein um verlässliches Geschichtswissen, sondern um die Frage, welche Bedeutung historische Vorgänge und Prozesse für die historische Entwicklung sowie gegenwärtige Deutungen von Geschichte, Gegenwart und Zukunft haben und heute beanspruchen, somit um die Relativität der Aussagekraft historischer Medien und Quellen.

Dies bedeutet im einzelnen:

- die Überwindung einer naiven autoritären Buchstaben- bzw. Buchgläubigkeit („das stand aber im Schulbuch, in der Zeitung, im Lexikon, das fand ich so im Internet ..."):
- die Profilierung einer offenen und kritischen Fragehaltung gegenüber allen „Objektivität" beanspruchenden Geschichtsdarstellungen, die Förderung einer grundsätzlichen Skepsis gegenüber allen scheinbaren Gewissheiten und den vielfältigen historischen Mythen;
- die Entwicklung eines methodisch reflektierten Umgangs mit verschiedenen, auch reizvollen wie scheinbar „authentischen" Geschichtsmedien und -quellen;
- die Entwicklung eines Bewusstseins vom Konstruktionscharakter von Geschichte und des ideologischen Gehalts von Geschichtsbildern, oder anders: die Auseinandersetzung mit der „Fiktion des Faktischen", also mit dem imaginativen Gepräge des historischen Wissens.

Diese didaktischen und geschichtstheoretischen Intentionen können grundsätzlich mittels aller historischen Medien verfolgt werden. In den folgenden Abschnitten werden Chancen und die spezifische Problematik relevanter historischer Medien und Quellen akzentuiert. Dabei werden die hier aufgelisteten Zielvorstellungen nicht mehr im Einzelnen aufgeführt, vielmehr deren Realisierungsmöglichkeiten im Unterricht exemplarisch entfaltet. Die folgenden Unterkapitel sind teilweise so angelegt, dass sie als Unterrichtsbausteine genutzt werden können. Es entspricht allerdings nicht der Absicht dieses Bands, „fertige" Unterrichtsmodelle vorzulegen, sondern vielfältige Anregungen und Anstöße zu geben. Daher werden die Materialien und Texte auch nicht mit Arbeitsaufträgen u.ä. versehen.

Die Oral History wird in diesem Kapitel nicht behandelt. Hierzu gibt es leicht greifbare und solide Artikel.[1]

4.2 Quellenarbeit und wie sie nicht sein sollte

Die Arbeit mit Quellen zählt mittlerweile zu den selbstverständlichen Standards, ja geradezu als „Königsweg" des modernen Oberstufenunterrichts. Sie steht im Mittelpunkt des Unterrichts. Die kritische Auseinandersetzung mit Quellen gilt als unverzichtbar und als Kennzeichen eines modernen Geschichtsunterrichts, der wissenschaftspropädeutischen Ansprüchen Genüge leisten will. Hier kann unerörtert bleiben, ob die alltägliche Quellenarbeit den hochgespannten didaktischen Erwartungen entspricht oder eher Ermüdungserscheinungen und Überdruss bei den Schülerinnen und Schülern auslöst.[2] Denn vermutlich dürfte die alltägliche unterrichtliche Realität bei der Arbeit mit Quellen womöglich eher der entsprechen, die Hans-Jürgen Pandel so trefflich karikiert hat (siehe S. 46f.). Quellen können kaum der Ermittlung von historischen Fakten und Sachverhalten dienen, meistens werden aber Quellen gerade dafür benutzt oder missbraucht. Quellenarbeit soll vielmehr zur kritischen Auseinandersetzung mit kontroversen historischen Deutungen beitragen.

1 Rax-Helmer, Rosa, Zeitzeugenbefragung: Mehr als „Erzähl doch mal"? Oral History in der Sekundarstufe II, in: GL 68 (1999), S. 54-59; Dittmer, Lothar; Siegfried, Detlef (Hg.), Spurensucher. Ein Praxisbuch für historische Projektarbeit, Weinheim–Basel 1997, hier die Beiträge von Detlef Siegfried (S. 50-66) und Regina Richter (S. 67-74); Kaminsky, Uwe, Oral History, in: Pandel, Hans-Jürgen; Schneider, Gerhard (Hg.), Handbuch Medien im Geschichtsunterricht, Schwalbach/Ts. 1999, S. 451-467.

2 Vgl. hierzu Schneider, Gerhard, Über den Umgang mit Quellen im Geschichtsunterricht, in: GWU 45 (1994), S. 73-90.

Sieben Hinweise, um das historische Denken der Schüler und Schülerinnen zu verhindern

- Tilgen Sie sorgfältig die Differenz zwischen Quellen und gegenwärtigen Materialien. Ebnen Sie die spezifische Differenz beider Textgruppen so ein, daß Schüler und Schülerinnen keinen Unterschied mehr wahrnehmen. Ein „M“ für „Material“ vor Quelle und Darstellung sowie das gleiche drucktechnische Layout bürgen dafür, daß die Schüler nicht auf den Gedanken kommen, daß zwischen beiden eine Differenz besteht. Damit ist schon der erste Schritt getan, um Historizität auf der Ebene des Verfahrens zu tilgen.
- Streichen Sie aus den Quellen alles Fremd- und Andersartige früherer Epochen, und ersparen Sie Ihren Schülern und Schülerinnen Alteritätserfahrungen. Was wollen Sie Ihre Schüler mit vorrationalen Denkweisen plagen. Vielleicht finden die sogar Interesse am widerstrebenden Fremden, das unser heutiges Denken hinterfragbar machen könnte.
- Kürzen Sie die Quelle so, daß Schüler und Schülerinnen auf Ihre entsprechenden Fragen nur mit einem Wort oder einem Satz reagieren können. Das ist nicht nur ökonomisch, sondern es gewöhnt den Schülern und Schülerinnen das historische Denken gründlich ab. Nennen Sie auf keinen Fall die Quellengattungen. Die Schüler und Schülerinnen könnten sonst aus der Angabe der Gattung Hilfe für Ihre Interpretation erhalten.
- Reden Sie nicht über unterschiedliche Interpretationsmöglichkeiten. Damit gefährden Sie nur die Eindeutigkeit des positiven Wissens, denn Geschichte ist ein Fach, bei dem alles aus gesicherten Fakten und exakten Daten besteht. Skepsis und Zweifel, Ambivalenzen und Kritik lassen nur das Mißverständnis entstehen, daß Geschichte ein Denkfach und nicht das wichtigste Lernfach ist. Jedes Reden über Interpretation führt vom vorgegebenen Lernziel ab. Thematisieren Sie den Interpretationsprozess selbst auf keinen Fall. Die Schüler könnten sonst zum Nachdenken kommen.
- Vermeiden Sie Methodenlernen. Machen Sie die Schüler und Schülerinnen nicht mit den methodischen Schritten einer Quelleninterpretation und dem theoretischen Rüstzeug (hermeneutischer Zirkel, Wirkungszusammenhang, Perspektivität, inhaltsanalytische Verfahren) vertraut. Sie geben sonst eines Ihrer wichtigsten Steuerungsmittel aus der Hand und die Schüler und Schülerinnen könnten sonst ohne Ihre Hilfe die Quellen entschlüsseln.
- Machen Sie auf keinen Fall die Schüler mit einer Heuristik des Fragens bekannt. Hören Sie auf keinen Fall auf die praxisfremden Geschichts-

theoretiker und Geschichtsdidaktiker, die nicht müde werden zu behaupten, daß Geschichte erst aus Fragen an die Vergangenheit entsteht. Wichtiger ist doch, daß den Schülern und Schülerinnen nicht diejenigen Fragen allein einfallen, die Sie doch selbst stellen wollen.
(Pandel, Hans-Jürgen, Alte Sünden und neue Entwicklungen. Quelleninterpretation im Geschichtsunterricht, in: Friedrich Jahresheft XV [1997]: Lernmethoden – Lehrmethoden. Wege zu Selbstständigkeit, S. 63-67, hier S. 64)

Ein Beispiel für die vielfältigen Möglichkeiten, eine Quelle zu interpretieren:

Verordnung der Fürstlichen Polizeydeputation in Wiesbaden (1805)
durch welche die in den Straßen der Stadt Wiesbaden zu beobachtende Reinlichkeit Zucht und Ordnung festgesetzt wird, nebst einem Anhang der Verordnungen das Beherbergen der Fremden, das verbotene Karten- und Würfelspiel, endlich das Bauwesen in hiesiger Stadt betreffend.

Eingang
Fürstliche Polizeydeputation hat seither mehrmalen zu bemerken gehabt, daß die ältere heilsame Verordnungen in Bezug auf die Reinlichkeit, Zucht und Ordnung in den Straßen der hiesigen Stadt und insbesondere der Gassenreinigungsordnung vom Jahr 1770 nicht mehr so befolgt werden, wie dieses der öffentliche Wohlstand, die Gesundheit und Bequemlichkeit der Einwohner, so wie die bessere Aufnahme der Stadt erfordern, daß verschiedene Einwohner diesen Verordnungen entweder eine willkürliche Auslegung geben, oder sich damit zu entschuldigen pflegen, daß dieselben ihnen nicht gehörig bekannt gemacht worden seyen.
Um nun dergleichen Misdeutungen und Ausreden mit einmal ein Ende zu machen, und um sämtliche hiesige Einwohner ohne Unterschied und Rücksicht der Personen zur pünktlichsten Befolgung ihrer gesellschaftlichen Obliegenheiten mit demjenigen Nachdruck anhalten zu können, wie es die Pflicht fürstlicher Polizeydeputation erheischet; so hat man sich veranlast gesehen, nachstehende erneuerte Verordnung zu erlassen.
1. Alle Straßen, öffentliche und Privatplätze in der hiesigen Stadt sollen vom ersten Oktober anfänglich bis zum ersten May wöchentlich zweimal, nemlich Mittwochs und Samstags, vom ersten May hingegen bis zum ersten Oktober wöchentlich dreimal nemlich Dienstags Donnerstags und Samstags, oder, wenn auf einen dieser Täge ein ganzes Fest einfällt, den Tag vorher, und zwar im Winter des Nachmittags um 3 Uhr, im Sommer aber des Abends um 7 Uhr, wenn die Viehherden nach Hauß getrieben

worden sind, rein gekehret und gesäubert, und der Koth unverzüglich von der Straße hinweggeschaft werden.
Sollte eine besondere Witterung oder andere Umstände das Reinigen der Straßen plötzlich nöthig machen, und deswegen durch den Polizeydiener mit der Schelle ein Zeichen gegeben werden, es geschehe dieses an welchem Tage und zu welcher Stunde es immer wolle, so soll alldann allenthalben sogleich gekehrt werden. (...)
9. Ferner wird verordnet, daß niemand Kummer [Müll] vom Bauwesen, Dachsteigen, Mist, Glas, alte Krüge, Scherben und Papier oder andern Hauß- Hof- und Kellerunrath auf die Straßen, in die durch die Stadt fliesende Bäche, und vor die Stadtthoren werfen soll. Vielmehr werden alle Einwohner, und insbesondere die Schlosser, Schmiede und Seiler, und andere Handwerker angewiesen, den Kummer und Hausunrath auf ihre selbst eigne Kosten an einen vor der Stadt gelegenen gemeinen Platz, den ihnen auf ihr Anmelden, der städtische Wegaufseher bezeichnen wird, abführen, aber den Platz vor dem Hauß, woselbst der Unrath gelegen ist, sogleich wieder reinigen zu lassen. (...)
12. Desgleichen sollen die Chaisen, Wägen, Karren, Pflüge, Leitern und desgleichen, woran man sich im Finstern stosen und beschädigen kann, noch vor einbrechender Nacht von den Straßen hingweggeschafft werden. (...)
17. Eben so wird bei der nämlichen Strafe [ein Reichsthaler und dreißig Kreuzer Anbringgeld] nachdrücklichst festgesetzt, daß Niemand irgend etwas, am wenigsten Wasch- und anderes Wasser oder Unreinigkeiten, es seye bei Tag oder bei Nacht zu den Fenstern hinaus auf die Straßen ausschütten solle. (...)
20. Weil auch die Straßen und öffentlichen Plätze von den Landleuten öfters versperrt, und durch das Füttern ihres Zugviehs häufig verunreinigt werden, so sollen die Polizeydiener dieselbe jedesmal dahin anweisen, daß sie auf den Straßen und besonders gegen den Uhrthurm hin den Weg niemals versperren, ihr Vieh jedesmal an ihre Fuhren anbinden, und das übrig bleibende Stroh und Futter mit sich wieder hinwegnehmen, und nicht auf den Straßen liegen lassen.
21. Es wird schärfstens verboten, die Straßen und öffentliche Plätze bei Tag und zur Nachtzeit mit Unflat zu beschmutzen, oder krepierte Schweine, Hunde, Katzen, Hüner, Vögel und andere Thiere in der Stadt auf die Straßen, vor die Stadtthoren hinter die Zäune, in die Brunnenbäche, Fluth oder sonstige Gräben hinzuwerfen, indem derjenige, welcher eines solches Vergehens schuldig befunden wird, mit empfindlicher Geld- Leibes- oder Gefängnißstrafe gezüchtiget werden soll. (...)
23. Es wird ferner Jedermann, besonders den Dienstmägden bei Strafe von dreisig Kreuzer und nach Befinden der Umstände bei Gefängnißstrafe

untersagt, die Wasserzüber, Fensterflügel und andere Mobilien in dem hiesigen Stadtbrunnen zu reinigen, oder gar mit Silbersand zu reiben, auch Gemüß und Salat darin zu putzen, indem dieses für das Vieh, welches zur Tränke dahin getrieben wird, von sehr schädlichen Folgen seyn kann.
24. Es sollen auch die dahiesigen Roth- und Weisgerber, wie auch die Färber bei Strafe von zehn Reichsthaler in den Bächen bei der Metzger- und Gold- oder Stall- auch Spiegel- und Webergasse das Gerberei- und Färbewasser niemals am Tag, sondern zuerst des Abends, wann das Heerdevieh wieder eingetrieben ist, in die bemeldte Bäche auslaufen lassen. (...)
28. Keine Schweine, Gänse, oder anderes Vieh dörfen hinführo, ausser wenn sie zur Heerde getrieben werden, auf den Straßen herumlaufen. (...)
29. Da auch die widerhohlte beschwerende Anzeige geschehen ist, daß mehrere Einwohner und besonders die Metzger und andere, welche große Hunde halten, dieselbe bei Tag und Nacht auf den Straßen herumlaufen lassen, wodurch nicht nur das ganze Publikum äusserst beunruhiget, sondern auch der Gefahr ausgesetzt wird, von solchen Hunden angegriffen und beschädiget zu werden; so wird hiermit Jedermann unter Bezug auf die ältere desfalls bestehende Verordnungen ernstlich gewarnt (...).
31. Unter (...) Strafe wird das bäurische Klatschen mit den Peitschen durch die Straßen ernstlich untersagt.
32. (...) wiederholt zu verordnen, daß das Tabackrauchen, es seye mit gedeckten oder ungedeckten Pfeifen über die Straßen bei einem Reichsthaler Strafe und 20 Kreuzer Anbringgeld durchaus verboten ist.
33. Allen Eltern und Vormündern wird nachdrücklichst aufgegeben, ihre Kinder und Pflegbefohlene zur Zucht und Ordnung auf den Straßen und öffentlichen Plätzen, und daß sie sich vor dem unzeitigen Herumlaufen, übermäßigen Schreyen und allem Unfug daselbst hüten, auch jedesmal mit gehörigem Anstand nach und von der Schule gehen sollen, alles Ernstes anzuhalten, indem man die Uebertreter durch die Polizeydiener auffangen, und mit einer ihrem Vergehen und Alter angemessenen Leibesstrafe belegen lassen. (...)
35. Endlich wird den sämmtlichen Wein- Bier- und Branntweinwirthen wiederholt eingeschärft, nach 10 Uhr keine Gäste mehr in ihren Häußern zu dulden, wiedrigenfalls dieselbe zum erstenmal für jede Person, welchen man bei ihnen finden wird, einen Reichsthaler Strafe nebst 30 Kreuzer Anbringgeld erlegen, im weitern Betrettungsfall hingegen noch weit empfindlicher gezüchtiget; gleichwie dann auch ein jeder, der sich nach 10 Uhr in einem Wein- Bier- oder Branntweinhauß betreten lassen wird, sogleich arretirt (...) werden soll. (...)
So gegeben Wiesbaden den 24. August 1805. Fürstliche Polizeydeputation
(Quelle: Hessische Landesbibliothek Wiesbaden, HS 156)

Derartige absolutistische Verordnungen sind Legion. Sie finden sich in großer Zahl in jedem Stadt- oder Hauptstaatsarchiv, in Verordnungsblättern u.ä.m. Spannend und reizvoll wird die Interpretation derartiger Quellen, lässt man sich auf verschiedene Deutungsmöglichkeiten ein. An diesem Beispiel können einige Probleme der Quelleninterpretation verdeutlich werden. Die scheinbar so klare und eindeutige Quelle erweist sich bei näherer Betrachtung als keineswegs eindeutig. Völlig abwegig wäre es, unmittelbar vom Text auf konkrete Wiesbadener (Straßen-)Verhältnisse zu schließen, auch sagt er nichts über die Wirkung der herzoglichen Verordnung aus.

Einige Interpretationsvarianten der Verordnung von 1805 in Stichworten:

In einem Oberstufenkurs könnten von Schülerinnen und Schüler im Laufe der Diskussion über den Text etwa folgende Einsichten oder Behauptungen entwickelt werden:

- Hier artikuliert sich das reaktionäre Denken eines kleinen deutschen Duodez-Fürsten, der seinen „unfähigen", plebejischen Untertanen ein Minimum von Anstand und Moral beibringen, zur Not auch einbläuen will.
- Der Text ist ein Dokument des Anachronismus, der deutschen „Rückständigkeit", der deutschen „Sonderentwicklung" oder „Verspätung". Noch eine halbe Generation nach den revolutionären Vorgängen in Frankreich träumt ein deutscher Fürst den absolutistischen utopischen Traum von „geordneten Verhältnissen", eines von der Vernunft geregelten Gemeinwesens, das er durch seine Weisheit und Umsicht meint herstellen zu können. Die Untertanen werden vom Fürsten wie kleine, unmündige Kinder wahrgenommen und behandelt, die von ihm an die Hand genommen werden müssen. Allerdings verfügte der Fürst nicht über die personellen und materiellen Ressourcen, um die Durchführung seiner Verordnung auch nur im Ansatz kontrollieren zu können. Dies gilt auch für die in der Verordnung angedrohten Sanktionen.
- Diese Verordnung erinnert ein wenig an den geordneten, ja schier „totalitären" Sonnenstaat von Thomaso Campanella.[3]
- In diesem Text artikuliert sich die Verbreitung des im 18. Jahrhundert einsetzenden modernen Hygiene-Diskurses. Dieses Denken

3 Vgl. hierzu Thienel-Saage, Ingrid, Frauen in Utopia, in: GL 26 (1992), S. 55-61, hier S. 57 f.

wird nun mittels staatlicher Verordnungen verbreitet und dient der zunehmend erfolgreichen Vorbeugung vor Seuchen und Epidemien sowie deren Zurückdrängung.

- Vor uns liegt ein Dokument der Durchsetzung „bürgerlich-kapitalistischer Moral". Betont werden klassische Arbeitstugenden, die der Durchsetzung des Kapitalismus vorausgingen. Zurückgedrängt wird die plebejisch-bäuerliche Moral sowie ein naiver Umgang der Menschen miteinander.
- Das Dokument reflektiert und illustriert die allmähliche Durchsetzung des modernen bürgerlichen Vorsorge- und Verwaltungsstaates, der mit zahlreichen, zunehmend mehr Lebensbereiche umfassenden Verordnungen einhergeht. Der Staat orientiert sich bei seiner Verordnungspraxis sowohl an der Staatsräson wie an den objektiven Interessen der Untertanen.
- Der Text könnte auch im Sinne von Norbert Elias' Zivilisationskonzept gedeutet werden: Zurückdrängung und (Sozial-)Disziplinierung vormoderner Affekte, Affektkontrolle und Verhaltensmodellierung der Menschen.[4]
- Bei der in dieser Quelle geforderten Verhaltenskontrolle handelt es sich keineswegs um einen „reaktionären" Traum spätabsolutistischer Verordnungspraxis. Denn tatsächlich haben die Menschen bereits im 19. und frühen 20. Jahrhundert zahlreiche der in der Verordnung geforderten Verhaltensnormen fast vollständig verinnerlicht.

Im Unterricht könnten derartige oder andere Interpretationen entwickelt werden, deren Plausibilität ansatzweise am Text diskutiert werden sollte. Der Text illustriert, dass eine sehr konkrete Verordnung, konfrontiert man sie mit unterschiedlichen Fragen oder auch Zusatzmaterialien, keineswegs eindeutige Antworten gibt. Für den Unterrichtseinsatz sollte die Quelle gekürzt werden, die Punkte 31-35 sollten aber auf keinen Fall gestrichen werden.

Türkenbild im 19. Jahrhundert

Der Verfasser dieses im Deutschland des 19. und frühen 20. Jahrhunderts viel gelesenen Werkes ist Karl Julius Weber (1767-1832). Weber

---

4 Vgl. hierzu mein Unterrichtsmodell: Vom „bäurischen Klatschen und unmäßigen Schreyen". Affektkontrolle, Sozialdisziplinierung, Domestizierung und die Herausbildung der modernen bürgerlichen Gesellschaft, in: GL 68 (1999), S. 26-31.

studierte Jura in Erlangen, arbeitete in einer Regierungskanzlei, wurde Hofmeister in der französischen Schweiz, bereiste Frankreich. 1792 trat er als Privatsekretär in den Dienst beim Grafen Erbach-Schönburg, begleitete als Reisegefährte den 21jährigen Erbgrafen von Isenburg-Büdingen und lebte schließlich als Privatmann an verschiedenen Orten. In den Jahren 1820-1824 war er Abgeordneter der württembergischen Ständeversammlung. Weber hat zahlreiche, z.T. ironische Werke verfasst, die sich u.a. mit dem mittelalterlichen Mönchs- und Ritterleben sowie mit der Geschichte der Päpste befassen. Sein „Demokritos“ erschien 1832-1835.

Demokritos: Über die Türken (um 1832)

Die Türken, die sich aber lieber Osmanen nennen, weil der Türk ein Appellativ für Räuber geworden ist, wie Slave für Sklave, kennt der Europäer unter allen Orientalen am besten; sie waren einst im Zenith ihrer Macht unter Soliman, dem in ganz Europa gefürchteten Soliman, den jedoch ein Weib, die schlaue Roxolane, leitete, und blieben (...) der Schrecken Europa's bis zum Carlowitzer Frieden, wo die Sultane sich nicht mehr an die Spitze der Armee stellten, lieber mit Weibern kämpften und mit dem Becher, und Intriguen des Serails und Zügellosigkeit der Janitscharen den Staat erschütterten. Der Glanz der Pforte erlosch mit Eugen und der Schlacht von Zenth (...)

Die Sorglosigkeit dieser barbarischen Nation, ihr Fatalismus und Despotismus entvölkerten den schönsten Theil Europens mehr als die Wuth der Eroberer, und Europa zitterte mehr als ein Mal vor ihrer wilden Kraft, vor dem halben Monde und vor den Roßschweifen, die ihnen der Muth zur Fahne gab. (...) noch heute stehen sie dem Abendlande, wenn gleich minder gefährlich, gegenüber, und machen ein fremdartiges Glied des europäischen Staatenbundes.

Das Blut geräth in Wallung, wenn wir auf Griechenland, die gesegneten Donauländer und Kleinasien hinblicken; man möchte die Barbaren stranguliren, welche die Griechen, denen wir unsere ganze europäische Kultur verdanken, zu Halbmenschen gleich ihnen herabgewürdigt haben, denen doch diese verwahrlosten Länder als Nation gebührten – die Barbaren, die von den Gebirgen Armeniens herab die Nationen und ihre Kultur mit Füßen traten und in Blutströmen wateten bis zum Strome Stambuls.

Noch heute sind die Türken nach vier bis fünf Jahrhunderten mitten unter kultivirten Völkern rohe Barbaren, abergläubisch und unwissend wie die weiterhin wohnenden asiatischen Brüder; noch heute kennen sie weder die Freuden der Tafel, noch die Gesellschaft, noch geistige Kultur. Ruhe, Verborgenheit und grobe Sinnenvergnügungen machen die Freude des Türken und Vis inertiae [die Macht der Faulheit] ist sein Charakter. Kenntnis-

se und neue Entdeckungen müssen befohlen werden durch negative Prämien, durch Stockprügel und Strang; (...) So liegen denn Ackerbau und Manufakturen, Wissenschaft und Kunst darnieder. Astrologie ist eine vom Staate bezahlte Wissenschaft, und bildende Künste können nicht gedeihen, da die Religion die Abbildung menschlicher Formen untersagt. Das Schlimmste dieser Barbarei ist, daß sie das Eindringen besserer Kultur nach Asien hindert, da diese rohen Osmanli eine unübersteigliche Mauer bilden zwischen dem Morgen- und Abendlande. (...)
Türkischer Despotismus, wie er im ganzen Oriente herrscht, spielt mit Menschenleben; Eigentum und Freiheit sind leere Worte. Nirgendswo ist die Justiz schneller. (...) Mit bestochenen Zeugen kann man vor Gericht Alles durchsetzen, dem Gelde widersteht nicht leicht ein Türke, vornehm oder gering, so wenig als der Sinnlichkeit.
(„Demokritos oder hinterlassene Papiere eines lachenden Philosophen.“ Von dem Verfasser der „Briefe eines in Deutschland reisenden Deutschen.“ Bd. 10, Leipzig o.J., S. 52-54)

Auch dieser – zunächst recht simple, eindeutige und scheinbar wenig lohnende – Text sperrt sich gegen eine rasche Vereinnahmung und ist daher für eine sorgfältige Interpretation besonders geeignet. Er gibt bei genauerer Analyse Aufschluss über mentale und politische Strömungen und Stimmungen im Deutschland des Vormärz. Zugleich illustriert der Text die Zählebigkeit nationaler Stereotype und Feindbilder – bis in die unmittelbare Gegenwart!

Die Quelle könnte zunächst darauf hin befragt werden, welches Bild hier von „den Türken“ (der Autor schöpfte allerdings nicht aus eigenen Erfahrungen, sondern aus der populären zeitgenössischen Literatur) entwickelt wird und welches Gegenbild sich die damaligen Intellektuellen – durch einen Umkehrschluss – von Europa entwarfen. Denn die „Türken“ dienten als Negativfolie für das eigene soziale und politische Selbstverständnis. – Dann könnte auf die damalige Griechenlandbegeisterung (sinnvoll: kurzer Bezug auf den griechischen Befreiungskampf und das hohe Engagement der Liberalen für die Griechen) eingegangen werden. Der Text aktualisiert die klassische antike Gegenüberstellung von Griechen/Hellenen und Barbaren. Das sich in dem Negativbild von „den Türken“ artikulierende Selbstbild der deutschen Liberalen hatte daher eine eminent politische Bedeutung: Der Kampf der Liberalen gegen den herrschenden Despotismus, gegen anachronistische politische Strukturen im eigenen Land (man denke nur an die schikanöse Zensur) bediente sich eines imaginären, konstruierten Feindbildes. Die Kritik Webers galt nicht den „erfundenen“ Türken, sondern den Verhältnissen im eigenen Land. – Gleichwohl blieben die hier erneut evozierten nationalen Sterotype über ihren spezifischen politischen zeitgenössischen Begründungszusammenhang hinweg lebendig und bestimmten spätere Diskurse, etwa die Angst vor dem „Schmutz", dem „Unordentlichen", dem Antizivilisatorischen. Das Bild vom türkischen Chaos und der türkischen Despotie konnte später in veränderten sozialen und politischen Kontexten erneut aktualisiert werden zur Legitimation eigener Ängste und eigener (utopischer) politischer Projekte.

Diese Quelle enthält noch weitere spannende Implikationen. Wichtig wäre es auch hier, dass historische und gegenwärtige Bezüge hergestellt und diskutiert werden. Diese historische Quelle (wie viele andere auch) dient offenkundig nicht zur Ermittlung von historischen Fakten, von historischen Sachverhalten und Prozessen, sondern bedarf der Entschlüsselung auf dem Hintergrund von zeitgenössischen sozialen und politischen Diskursen und kann auf ihre zeitgenössischen ideologischen Funktionen wie auf die in ihr noch gegenwärtig lebendigen Wahrnehmungsmuster befragt werden. Dann erweist sich Geschichte als kritische „Archäologie der Gegenwart".

Geschlechtergeschichtliche Perspektiven: Jeremias Gotthelf (1797-1854) berichtet vom Sterben seines Kindes (um 1850)

So ward sie von ihrer schweren Stunde ereilt und gebar glücklich und leicht ein Mädchen. Es war ein schönes, wunderbares Kind. Es hatte große, tiefblaue Augen und einen unbeschreiblichen Blick in demselben. Es sah einen so milde, so verständig und bedeutungsvoll an, daß einem ordentlich schaurig um die Brust ward. Man kam unwillkürlich auf den Gedanken, das Kind bringe seine Augen mit aus einer höheren Welt, bringe Grüße mit von oben und Bewußtsein. Die Weiber sagten: so ein schönes Kind hätten sie nie gesehen. (...)

Am dritten Tage begann es unruhig zu werden und ließ gar ängstliche und wimmernde Töne hören, wie wenn es jemand riefe in großer Angst und Not. Ein Kind ruft der Mutter nie umsonst. Wenn sie es nahm, schien es ruhiger zu werden; doch kam etwas Leidendes in seinen Blick, das nicht mehr verschwinden sollte. Wenn es die Mutter ansah, schien es, als möchte es ihr gar gerne klagen ein tiefes Weh; (...)

Da bebte meine Frau zusammen, daß sie sich niedersetzen mußte mit dem Kinde, das sie auf ihren Armen hielt. (...)

Brünstig sah sie nach oben, die Thränen flossen strömend über sie nieder und das Kind hielt sie auf den Armen, ans Herz gedrückt. Da zuckte es auf einmal an ihrem Herzen, und wie sie niedersah, reckte es sich noch einmal aus; dann ward's stille, öffnete noch einmal seine Äugelein der Mutter zu; ein

Lächeln flog über sein Gesichtchen, dann schlossen sich die Augen wieder. Das Lächeln schien zu einem Engelein verkörpert von seinem Gesichtchen aufzuschwingen, und mit ihm war sein Geist entwichen. Sein Körperlein regte sich nimmer wieder, seine Äugelein blieben geschlossen für immer. (...)
Als es Morgen ward, kamen Weiber zu uns, die gehört hatten, unser Kind werde sterben. Sie brachten allerlei mit, dem Kind und der Mutter zur Labung; denn in solchen Fällen reut ein weiß Brötchen oder eine Züpfe [?] oder ein halb Pfund Kaffee eine Bäuerin nicht.
„Du hast doch recht," sagte eins der Weiber zu meiner Frau, „thust du nicht so wüst und nötli, wie menge Göhl. Dem Kind ist es wohl gegangen; es ist manchem ab." – „Ja," sagte eine andere mit bedenklichem Gesichte, „wenn es nur wegen dem wäre, so hättist recht; aber es ist noch wegen etwas anderem. Wenn es nur getauft gewesen wäre, so wollte ich nichts sagen; aber so ungetauft kann mich das Kind doch erbarmen; denn kein Mensch weiß jetzt, wie es ihm geht." – „Ja, du hast recht," sagte die erste, „an das habe ich gar nicht gsinnet. Es sind mir auch vier Kinder gestorben, Gottlob! Aber Gottlob keins vor der Taufe. Ich glaube, ich hätte micht hintersinnet [wäre verrückt geworden]. Em liebe Gott ma me so wohl gönne, aber em Tüfel ne nadisch Bott nit; vor dem gruset's mr, u we-n-i zweu Doze Ching [Kinder] müeßt bhalte. Mi seyt zwar, sie chöme nit i di hingeristi Höll; aber es wird vornache o no heiß gnue sy. Die arme Tröpf!"
(Gotthelf, Jeremias, Leiden und Freuden eines Schulmeisters, T. 2 [Kap. 14 u. 15], Bern 1898, S. 169 ff., 179).

Diese scheinbar einfache, fast sentimentale Geschichte birgt so manche Fallstricke. Ziemlich abwegig wäre es, diesen Text als „realistische" Beschreibung der Sterbestunde von Gotthelfs Tochter zu verstehen. Vielmehr handelt es sich um eine für ein Publikum verfasste literarische Fiktion, die sicherlich in einigen Aspekten historische „Wirklichkeit" reflektiert.

Hier werden unterschiedliche Reaktionsmuster auf das massenhafte Kindersterben im 19. Jahrhundert vorgestellt („Gleichzeitigkeit des Ungleichzeitigen"). Offenbar distanziert sich Gotthelf von der voraufklärerischen religiösen Deutung der Bäuerinnen, die er überdies ganz naiv im Dialekt sprechen lässt und die eine „pragmatisch-religiöse" Haltung zur hohen Kindersterblichkeit einnehmen. Er selbst benutzt aber ebenfalls eine religiöse Metaphorik bei der Beschreibung der Mutter-Kind-Beziehung (vgl. hierzu auch das Gemälde von Friedrich Wilhelm von Schadow „Die Kinder des Künstlers" in Kapitel 4.3). Wie bewältigt Gotthelf selbst Sterben und Tod? Er stilisiert seine Frau zur leidenden, unschuldigen Madonna, die von Klageweibern umgeben ist. Möglicherweise dient dies seiner eigenen psychischen Entlastung oder der Bewältigung seines Kummers. Bemerkenswert unter geschlechtergeschichtlichen Aspekten scheint darüberhinaus, dass die Frau selbst nur in der Körpersprache der Pieta „zu Wort" kommt, also weit verbreiteten und konventionellen Mustern von idealer Weiblichkeit entspricht, die vom (passiven) Ehemann genau beobachtet und auf ein „ästhetisches Podest"[5] gehoben wird. Das Sterben seines Kindes bewegt Gotthelf sichtlich, er idealisiert sein schönes Kind, aber er artikuliert keine direkten Gefühle, sondern beobachtet, beschreibt (und bewertet?) distanziert und möglicherweise mit sanfter Ironie die religiöse Enge der Klageweiber, die für das „Geschäft" des Gebärens, Sterbens und Leidens primär zuständig sind.

4.3 Nur illustrativer Wert? Bilder im Geschichtsunterricht

Bilder beherrschen die Welt. „Jede Kultur besetzt und verbindet ihre Welt der Gedanken und Wahrnehmungen durch Bilder und Symbole. Mit ihnen versuchen die Menschen, sich einen allgemein verständlichen Erfahrungs- und Erwartungshorizont aufzubauen."[6] Die Erinnerung an die Vergangenheit lebt in Bildern, ebenso wie die Wahrnehmung der Gegenwart und die Vision der Zukunft. Die Menschen sind Bildersammler und Bilderjäger, die ständig Bilder aufnehmen. Die Bilder, die der Mensch sich von der Wirklichkeit macht, bringt er mit seinen Erfahrungen in Einklang. Er integriert sie in seine eigene Lebensgeschichte, setzt sich also selbst in eine Beziehung zu den Bildern.[7]

Bilder „dokumentieren" Aspekte der Wirklichkeit. Sie sind gleichermaßen Abbild oder Projektion der eigenen individuellen Welt, zu-

---

5 Vgl. hierzu Frevert, Ute, „Mann und Weib, und Weib und Mann". Geschlechter-Differenzen in der Moderne, München 1995, S. 154. Hier werden Männer- und Frauenbilder, Männer- und Frauenprojektionen u.a. des 19. Jahrhunderts kontrastiert.

6 Haus der Geschichte der Bundesrepublik Deutschland (Hg.), Bilder, die lügen, Bonn 1998, S. 9. Allgemein hierzu Schuck-Wersig, Petra, Expeditionen zum Bild. Beiträge zur Analyse des kulturellen Stellenwerts von Bildern, Frankfurt/M. 1993.

7 Hierzu Borries, Bodo von, Imaginierte Geschichte. Die biografische Bedeutung historischer Fiktionen und Phantasien, Köln 1996.

gleich aber immer auch Teil einer kollektiven Reproduktion von Wirklichkeit. Bildwiederholungen konturieren die Inhalte, konstruieren „Realität" und damit auch die Geschichte. Das Sehen scheint in unserer Kultur vielleicht wichtiger als das Hören.[8]

Es gibt die Welt und die Bilder von der Welt. Hat der Betrachter keine Möglichkeit (und das dürfte der Normalfall sein), den „Wahrheitsgehalt" der flüchtigen Bilder[9] zu überprüfen, – wenn Bilder denn überhaupt „wahr" oder „falsch" sein können – ist er den Bildern von der Welt und der Geschichte ausgeliefert. Daher rührt die ungeheuere Macht der Bilder. Es muss hier nicht die Selbstverständlichkeit betont werden, dass Filme und vor allem das Fernsehen permanent Bilder liefern und damit „Wirklichkeiten" und Bewertungen von historischen und gegenwärtigen Verhältnissen und Vorgängen produzieren. Die Vorstellungen von der Vergangenheit basieren auf Bildern, die man sich von der Vergangenheit gemacht hat, sie greifen häufig auf bekannte und verbreitete Bilder zurück.

Bilder stellen nun aber keine Geschichte dar, da sie keine Veränderungen in der Zeit präsentieren, sie sind gewissermaßen unhistorisch, kennen kein Vorher und kein Nachher, allenfalls einen spezifischen historischen Zustand. Bilder sind statisch, sie speichern erinnerte Erfahrungen, legitimieren, rechtfertigen Erfahrungen und getroffene Entscheidungen. Sie bilden aber nicht „die Wirklichkeit" ab. Das gilt insbesondere für Kunstwerke.[10]

Bilder in Schulbüchern

Die gegenwärtigen Unterrichtswerke bestechen geradezu durch ihre opulente Bildfülle. Die Verlage bezahlen für die Bildrechte beträchtliche Summen. Um so bedauerlicher, ja ärgerlicher ist es dann aber, dass diese Unterrichtswerke den Lehrern und den Schülern viel zu wenig

---

8 Vgl. hierzu Wunderer, Hartmann, Tondokumente, in: Pandel, Hans-Jürgen; Schneider, Gerhard (Hg.), Handbuch Medien im Geschichtsunterricht, Schwalbach/Ts. 1999, S. 468-482.

9 Vgl. hierzu Kleinspehn, Thomas, Der flüchtige Blick. Sehen und Identität in der Kultur der Neuzeit, Reinbek 1989.

10 Vgl. hierzu Hardtwig, Wolfgang, Die Historiker und die Bilder. Überlegungen zu Francis Haskell, in: Geschichte und Gesellschaft 24 (1998), S. 305-322; Bergmann, Klaus; Schneider, Gerhard, Das Bild, in: Pandel, Hans-Jürgen; Schneider, Gerhard (Hg.), Handbuch Medien im Geschichtsunterricht, Schwalbach/Ts. 1999, S. 211-254.

Anregungen und Hilfestellungen geben, wie man mit den abgedruckten Bildern auch sinnvoll arbeiten könnte. Viele Abbildungen in den Schulbüchern lassen den Betrachter vielmehr völlig allein; offenbar sehen so manche Schulbuchautoren in den von ihnen ausgewählten Abbildungen einfach nur Anschauungsmaterial, das den Text illustrieren und auflockern soll. Damit wird eine große Chance vertan.

Merkwürdigerweise enthalten Unterrichtswerke für die Sekundarstufe II erheblich weniger Abbildungen als die für die Sekundarstufe I. Offenbar sehen Schulbuchredakteure und -autoren den besonderen Anspruch der gymnasialen Oberstufe u.a. darin, dass sie den Textanteil vergrößern und den illustrativen Anteil verringern. Hier manifestiert sich ein eigentümliches Verständnis der geschichtsdidaktischen Bedeutung von Bildern. Es wird offenbar unterstellt, dass das Betrachten von Bildern eher etwas für „die Kleinen" sei, während „den Größeren" längere und schwierigere Texte zuzumuten seien. Darin drückt sich ein reduziertes Realitätsverständnis aus, das sich noch immer an der Tradition des Positivismus orientiert: Texte enthalten die historisch substanziellen harten facts, während Bilder als Fantasieprodukte gelten.

Der fachdidaktische Wert einer sorgfältigen Bildanalyse wird dabei weder in der Sekundarstufe I noch in der gymnasialen Oberstufe bedacht. Vor diesem Hintergrund erstaunt es nicht, dass im Geschichtsunterricht mit dem Bildangebot, wie es etwa Schulbücher liefern, kaum gearbeitet wird. Im Mittelpunkt stehen in der Regel Texte und Quellen, gelegentlich auch Filme. Man spricht über deren Inhalt, kaum aber über die Bilder, sie werden gewissermaßen naiv als „natürliche Illustration" historischer Ereignisse und Vorgänge[11] wahrgenommen.

Es ist sicherlich nicht übertrieben, wenn man – angesichts der kaum entwickelten Fähigkeit der Auseinandersetzung mit Bildern – von einem „visuellen Analphabetismus" spricht[12], der stereotype Geschichtsbilder begünstigt.

---

11 Vgl. hierzu – an französischen Beispielen – Reichardt, Rolf, Mehr geschichtliches Verstehen durch Bildillustration?, in: Francia 23 (1985), S. 511-523.

12 So Bösch, Frank, Das „Dritte Reich" ferngesehen. Geschichtsvermittlung in der historischen Dokumentation, in: GWU 50 (1999), S. 204-220, hier S. 212. Ähnlich urteilt der Kunsthistoriker Werner Hofmann. Er spricht von einem „öffentlichen Wildwuchs der Bilder" und davon, dass wir zu „Analphabeten geworden (sind), die sich aus der Bilderflut der Medien ihr Weltbild zusammenlesen." Hofmann, Werner (Hg.), Luther und die Folgen für die Kunst. Katalog zur Ausstellung in der Hamburger Kunsthalle vom 10.11.1983 bis 8.1.1984, München 1983, S. 70.

Bilder und Geschichtsunterricht

Die zentrale Aufgabe des Geschichtsunterrichts besteht darin, den Schülerinnen und Schülern ein reflektiertes Geschichtsbewusstsein zu vermitteln, das sie in die Lage versetzt, mit Bildern und den damit verbundenen Geschichtsbildern methodisch und kritisch umzugehen. Dabei dürfen Geschichtslehrerinnen und -lehrer nicht vergessen, dass die Schülerinnen und Schüler eine Fülle von Bildern und Geschichtsbildern in den Unterricht mitbringen. Sie „wissen" bereits ungeheuer viel. In ihren Köpfen sind bereits massenhaft macht- und wirkungsvolle Bilder, ja sogar ganze Filme abgespeichert, die sie in eine Beziehung zu ihrem Leben setzen, mit denen sie sich identifizieren, an denen sie ihr Leben messen, vor denen sie vielleicht Abscheu empfinden. Selbst Abiturienten haben die von Massenmedien vermittelte Vorstellung im Kopf, dass im Mittelalter Mädchen mit 12 oder 14 Jahren verheiratet wurden, dass Mönche ein parasitäres Verhältnis zu ihrer Umgebung hatten usw. usf.

Der Geschichtsunterricht wird diese durch Massenmedien oft stereotyp codierten Bilder und Vorstellungen in der Regel kaum korrigieren können. Sie überdauern vielmehr ganz mühelos den Geschichtsunterricht (sofern sich dieser nicht ohnedies darin erschöpft, genau diese traditionellen Bilder zu bestätigen).

Aber wer sich nicht mit den Imaginationen der Schülerinnen und Schüler auseinandersetzen, sie nicht ernst nehmen will, darf sich nicht wundern, wenn sein Unterricht die Herzen und Seelen der Lernenden verfehlt. Sie vergessen die historischen Fakten ganz rasch wieder; nicht jedoch die Bilder, wie aus vielen empirischen Untersuchungen bekannt ist. Aber: Es geht nicht darum, den Schülerinnen und Schülern ihre Bilder oder Geschichtsbilder auszutreiben, sondern mit letzteren behutsam und produktiv zu arbeiten.

Bilder sind im übrigen auch historische Quellen, die nicht einfach die sprachliche Überlieferung ergänzen, sondern spezifische Eigenarten haben: Sie können z.B. Ängste, Erwartungen, Wertvorstellungen von Bevölkerungsgruppen reflektieren, die kaum oder keine schriftlichen Quellen hinterlassen haben. Bilder können dabei aber nicht nur historische Verhältnisse widerspiegeln, sondern sie prägen auch selbst den historischen Prozess, denn Bilder schaffen Bewusstsein, Gegenbilder, sind vielleicht Fantasieprodukte.[13]

---

13 Vgl. hierzu Talkenberger, Heike, Historische Erkenntnis durch Bilder? Zur Methode und Praxis der Historischen Bildkunde, in: Schmitt, Hanno u.a. (Hg.),

Im Geschichtsunterricht muss es auch darum gehen, die vor allem durch Bilder bestimmten Konstruktionen von der Vergangenheit in Bewegung zu bringen, sie zu „verflüssigen" (Jeismann[14]), sie aus verschiedenen Perspektiven zu betrachten, sie also in vielfältiger Weise zu verlebendigen. Denn nicht die Schulbuchtexte oder die Quellen, sondern die im Schulbuch abgedruckten und die in den allgegenwärtigen Medien präsentierten Bilder prägen das kollektive Gedächtnis und das individuelle Geschichtsbewusstsein.

Daher sollen zunächst wichtige *geschichtsdidaktisch relevante Merkmale* von Bildquellen[15], die bei der Arbeit mit Bildern bedacht werden sollten, erinnert werden.

Bilder – geschichtsdidaktisch betrachtet

- Bilder sind begrifflos, sie stellen konkrete Sachverhalte dar, Ereignisse, Personen, Landschaften, Orte. Diese konkreten Dinge werden erst von uns in Begriffen gedacht.
- Zur Begriffslosigkeit gehört allerdings auch, dass das Bild nichts darüber aussagt, ob das Dargestellte einmalig, selten, häufig oder immer vorkommt.
- Bilder sind aus der Sicht des Historikers zeit-los oder „unhistorisch". Sie kennen kein Vorher und kein Nachher.
- Bilder reduzieren die Wirklichkeit auf Aspekte, die dem Künstler bzw. dem Auftraggeber wichtig sind.
- Bilder stellen nicht einfach nur Vergangenes dar, sondern haben oft auch eine eigene Geschichte, stehen oft in einer spezifischen ikonographischen und ikonologischen Tradition.
- Die Wahrheit von künstlerischen Bildquellen liegt auf einer anderen Ebene als der, auf der Historiker suchen. Künstler sind dem Wahrheitspostulat nicht verpflichtet, ihr Reich ist das der Erfindung, des

---

Bilder als Quellen der Erziehungsgeschichte, Bad Heilbrunn/Obb 1997, S. 11-26, hier S. 21 f.

14 Jeismann, Karl-Ernst, Geschichtsbewusstsein als zentrale Kategorie der Geschichtsdidaktik, in: Schneider, Gerhard (Hg.), Geschichtsbewusstsein und historisch-politisches Lernen, Pfaffenweiler 1988, S. 1-24.

15 Vgl. zum Folgenden Pandel, Hans-Jürgen, Bildlichkeit und Geschichte, in: GL 5 (1988), S. 10-17; Wohlfeil, Rainer, Das Bild als Geschichtsquelle, in: Historische Zeitschrift 243 (1986), S. 91-100; Treml, Manfred, „Schreckensbilder" – Überlegungen zur Historischen Bildkunde. Die Präsentation von Bildern an Gedächtnisorten des Terrors, in: GWU 48 (1997), S. 279-294.

Fiktiven, sie wollen eine bestimmte „Botschaft" vermitteln; diese Feststellung gilt in eingeschränktem Maße auch für die Fotografie.

- Darin liegt aber auch die besondere Qualität und der Reiz von nichtfotografischen Bildquellen. Denn solche Bilder stimulieren die historische Vorstellungskraft, sie können durch die ästhetische Darstellung Distanz herstellen, Distanz zu den Denktopoi, zu den Denk- und Werthorizonten der Gegenwart. Die ästhetische Wahrnehmung kann die Synthesefähigkeit stimulieren.[16]

Bilder zu Kindheiten und Geschlechterverhältnissen

An dem Bild von Daniel Nikolaus Chodowiecki „Öffentliche Auspeitschung unehelicher Mütter" (1783) lassen sich einige Grundideen der Aufklärung und der aufklärerischen Sozialkritik identifizieren. Die politischen und sozialen Intentionen des Künstlers werden indes leichter erfassbar, wenn man das Bild mit dem Text von Salzmann konfrontiert:

„Das Bild zeigt nach Salzmann „eine der scheuslichsten Scenen (...) auf Gottes Erdboden." Die Originalbeschreibung lautet: „Ein Weibsbild war an einen Pfahl mit ihren entblößten Armen angebunden, und ein Teufel von Kerl zählte ihr, mit einer Peitsche, zwölf starke Hiebe zu. Sie schrie, was ihre Kräfte vermochten. Neben ihr lag ihr Säugling, der ebenfalls, so stark als möglich schrie. Zwey Weibspersonen, die schon durchprügelt waren, stunden neben ihr, hielten ihre weinenden Kinder auf dem Arme, (...) sie fluchten schrien und schimpften. Auf dem Boden lag ein Mädchen in Ohnmacht, dessen reizende Bildung durch die Miene der

Abb.1: Bild von Daniel Nikolaus Chodowiecki „Öffentliche Auspeitschung unehelicher Mütter". Frontispiz zu Salzmanns „Carl von Carlsberg" (Schmitt, Hanno u.a. [Hg.], Bilder als Quellen der Erziehungsgeschichte, Bad Heilbrunn 1997, S. 57)

16 Hardtwig, Historiker, S. 320.

Abb. 2: Bildsequenz „Geschichte der Kindheit" – Diego Velasques: Infantin Margherita (um 1660)

Unschuld noch mehr gewann, und neben ihr ihr Säugling. Zum Rathaus sahe das Scheusal vom Bürgermeister heraus (...) mit eben so einer unempfindlichen Miene, mit welcher ein Pächter sein Schwein abstechen sieht."
(Schmitt, Hanno, Daniel Nikolaus Chodowiecki als Illustrator der Aufklärungspädagogik, in: Schmitt, Hanno u.a. (Hg.), Bilder als Quellen der Erziehungsgeschichte, Bad Heilbrunn 1997, S. 51-76, hier S. 55.7)

In Salzmanns Roman kauft der Held Carl von Carlsberg die am Boden liegende Frau von der Strafe, die ihr noch bevorsteht, frei und sorgt sich um deren armen und kranken Mann.

Abb. 3: Bildsequenz „Geschichte der Kindheit" – Knabe mit Lokomotive (deutsch um 1840)

Einige Anregungen zu der Bildersequenz „Geschichte der Kindheit"

Völlig verfehlt wäre es, in den nachfolgenden Bildern von Kindheit eine Abbildung historischer Realitäten zu sehen. Vielmehr sind die Bilder vor allem darauf hin zu befragen, welche Interessen und welche Fantasien von Kindheit sich in diesen Kunstwerken verbergen. Auf den ersten beiden Porträts werden Kinder mit standesspezifischen Insignien ausgestattet, sie werden entindividualisiert. Ein Bewusstsein von Kindheit als eigenständiger Lebensphase scheint es vor allem bei dem ersten Porträt noch nicht zu

Abb. 4: Bildsequenz „Geschichte der Kindheit" – Friedrich Wilhelm von Schadow: Die Kinder des Künstlers (1830)

geben. Bei dem Gemälde „Knabe mit Lokomotive" bekommt das Gesicht des Jungen zwar bereits kindliche Züge, in der Hand hält er ein – überaus wertvolles und hochmodernes – „Spielzeug". Aufschlussreich ist der Rahmen, der einer spezifischen ikonographischen Tradition entspricht: hier artikuliert sich der Stolz neuer sozialer technischer Eliten, die sich – man beachte die Kleidung – traditioneller Versatzelemente bedient.

Wesentlich „kindgemäßer" scheint das Gemälde „Die Kinder des Künstlers" von Friedrich Wilhelm von Schadow; man betrachte nur Körperhaltung, Physiognomie und das „Spielzeug" der Geschwister. Die Kinder werden offenkundig nicht mehr mit schichtspezifischen Sta-

Abb. 5: Bildsequenz „Geschichte der Kindheit" – Friedrich Erhard Meyerheim: Väterliche Ermahnung (1857)

tussymbolen ausgestattet, vielmehr in einen fantasierten („romantischen") Naturraum gesetzt, Körperhaltung und Gesichtsausdruck sowie die blonden Haare stehen in einer sehr langen ikonographischen Tradition; es entsprach einem ästhetischen Ideal. Auch Eva und Maria, Helena und Isolde, Grazien, Nymphen etc. waren natürlich blond; bereits in der griechischen Antike wurde das Goldhaar mit ewiger jugendlicher Schönheit assoziiert.[17]

17 Vgl. Kesser, Caroline, Goldstaub aufs Haupt, in: Du 697 (1999), S. 58-63.

Das Bild „Väterliche Ermahnung“ von Friedrich Eduard Meyerheim erinnert in seiner „naturalistischen“ Gestaltung an Fotografien und legt daher den Eindruck nahe, besonders „realistisch“ zu sein. Allerdings geht es dem Künstler eher um die Darstellung eines Ideals der modernen Familie. Aufschlussreich ist hier der Vergleich mit den vorangegangenen Kinderbildern: Identifizierbar ist die Entwicklung zur bürgerlichen Klein- oder Kernfamilie, der Prozess der Emotionalisierung, Intimisierung und Privatisierung der Familien- und Geschlechterbeziehungen, Kinder werden sichtlich deutlicher als Kinder wahrgenommen. An der „väterlichen Ermahnung“ kann man schließlich auch die innere Ambivalenz der „Entdeckung der Kindheit“ diskutieren, denn mit der Emotionalisierung der innerfamilialen Beziehungen geht auch eine hier gut erkennbare kontrollierte „repressive“ Dimension der väterlichen Autorität und Gewalt einher.

Literatur

Zahlreiche Bildinterpretationen enthält das Werk von Schmitt, Hanno u.a. (Hg.), Bilder als Quellen der Erziehungsgeschichte, Bad Heilbrunn 1997. Gute Bildinterpretationen finden sich ferner in der vom Klett-Verlag publizierten, aber leider nicht sehr preiswerten vierbändigen Foliensammlung: Bilder für den Unterricht – Folienbuch Geschichte, hg. v. Eberhard Schwalm und Traute Petersen. Sehr hilfreich sind hier die Lehrerhefte. Vgl. z.B. Schwalm, Eberhard (Hg.), Bilder für den Unterricht. Vom 16. bis zum 19. Jahrhundert. Lehrerheft zum Folienbuch Geschichte 2, Gotha 1993. Neuerdings Sauer, Michael, Bilder im Geschichtsunterricht. Typen, Interpretationsmethoden, Unterrichtsverfahren, Seelze-Velber 2000.

4.4 Vorsicht vor Fotografien

„Fotografien sammeln heißt die Welt sammeln.“ Filme sind – Susan Sontag zufolge – vergänglich, sie verlöschen sofort wieder, während demgegenüber Standfotos einprägsamer sind als bewegliche Bilder. Sie können leicht und billig produziert, gesammelt und in großen Mengen leichtgewichtig herumgetragen werden. Fotografien bieten aber nicht so sehr Aussagen über die Welt, sondern nur Bruchstücke über die Welt.[18] – Erheblich radikaler qualifiziert Flusser[19] in seiner philosophischen Kritik den Wert und die Qualität der Fotografie: „Dieser scheinbar unsymbolische, objektive Charakter der technischen Bilder [gemeint: der Fotografien] führt den Betrachter dazu, sie nicht als Bilder, sondern als Fenster anzusehen. Er traut ihnen wie seinen eigenen Augen. (...) Die Funktion der technischen Bilder ist, ihre Empfänger magisch von der Notwendigkeit eines begrifflichen Denkens zu befreien, indem sie das historische Bewußtsein durch ein magisches Bewußtsein zweiten Grades, die begriffliche Fähigkeit durch eine Imagination zweiten Grades zu ersetzen." Damit liegt die geschichtsdidaktische Problematik von Fotografien auf der Hand: Fotografien begünstigen eher ein magisches, weniger ein kritisches Denken.

Glaubt man einem schlichten Vorurteil, dann liefern unretuschierte Fotografien (auf Fälschungen[20] wird hier nur an einem Beispiel eingegangen) unbestechliche Abbilder einer (historischen) Realität. Fotografien gelten eben als unmittelbare, technisch realisierte Abbilder einer spezifischen Wirklichkeit, als „Fenster" auf die Realität. Wer sich aber nur ein wenig mit der Geschichte und der Theorie der Fotografie befasst hat, weiß, dass eine solche Aussage auch unter rein „technischen" Aspekten[21] naiv ist, Fotografien sind eben Bilder und auch für sie gelten die entsprechenden quellenkritischen Vorbehalte.

---

18 Sontag, Susan, Über Fotografie, Frankfurt/M. 1980, S. 9. Die Literatur zur Fotografie ist unübersehbar. Nach wie vor grundlegend ist Barthes, Roland, Die helle Kammer – Bemerkungen zur Fotografie, Frankfurt/M. 1989; Freund, Gisèle, Fotografie und Gesellschaft, Reinbek 1979; Plumpe, Gerhard, Der tote Blick. Zum Diskurs der Photographie in der Zeit des Realismus, München 1990; Busch, Bernd, Belichtete Welt. Eine Wahrnehmungsgeschichte der Fotografie, München 1989; Starl, Timm, Knipser. Die Bildgeschichte der privaten Fotografie in Deutschland und Österreich von 1880 bis 1980, München–Berlin 1995; Scheurer, Hans J., Zur Kultur- und Mediengeschichte der Fotografie. Die Industrialisierung des Blicks, Köln 1987.

19 Flusser, Vilém, Für eine Philosophie der Fotografie, Göttingen 1983, S. 14 u. 16.

20 Vgl. hierzu z.B. Haus der Geschichte der Bundesrepublik Deutschland (Hg.), Bilder, die lügen, Bonn 1998; Fabian, Rainer, Die Fotografie als Dokument und Fälschung, München 1976; Jaubert, Alain, Fotos, die lügen. Politik mit gefälschten Bildern, Frankfurt/M. 1989.

21 So heißt es in einem Handbuch zur Fotografie (Feininger, Andreas, Die hohe Schule der Fotografie, Düsseldorf–Wien 1961, S. 16): „In Wirklichkeit kann man sich kaum eine weniger naturalistische Wiedergabe denken als ein Schwarz-Weiß-Foto. Mit Ausnahme der fotografischen Reproduktion einer Druckseite könnte man nur wenige Lichtbilder zu Recht als Reproduktionen bezeichnen, weil die meisten Aufnahmeobjekte drei Dimensionen besitzen, Höhe, Breite und Tiefe, während eine Fotografie nur über zwei verfügt. Außerdem ist ein wichtiges Merkmal der meisten Motive die Farbe, und ein Schwarz-Weiß-Foto besteht aus Grautönen. Sehr viele Aufnahmemotive verändern oder bewegen sich überdies, und ein Lichtbild ist unbewegt, es ‚ruht'".

Fotografien sind in mehrfacher Hinsicht grundsätzlich ein Fragment. Zum einen geben sie nur einen Ausschnitt dessen wider, was der Fotograf sieht und hervor- oder herausheben möchte. Zum anderen, und das scheint erheblich wichtiger, sind sie ein winziger Teil, ein Mosaikstein einer für den Betrachter abstrakten Vergangenheit, gewissermaßen ein aus dem Zusammenhang gerissenes Zitat. Sie erlauben – isoliert für sich betrachtet – schier beliebig viele Deutungsmöglichkeiten. Die Aufnahme kann neben andere Fotos gestellt werden, wobei die jeweilige Kombination mit mehr oder minder beliebigen anderen Foto- oder Textquellen jeweils eine neue Interpretation oder mehrere fantasievolle Deutungen eröffnet. Dies wird auch noch durch die vermeintlich hohe Authentizität und Glaubwürdigkeit von Fotos unterstützt. Die Entschlüsselung von Fotografien ist also oft erheblich schwieriger und komplexer als die Interpretation von Texten.

Funktionen und Codierungen

Fotografien enthalten ferner – oft verdeckte – Funktionen und Codierungen: Sie liefern z.B. Beweismaterial und dienen etwa der Polizei und anderen staatlichen Behörden zur Überwachung und Kontrolle. Bereits frühe Daguerreotypien von 1850 zeigen Sklavenarbeiter mit entblößter Brust en face und im Profil; der anthropologische Blick bereitete damit den kriminalistischen vor. Schon 15 Jahre später wird das junge Medium für Steckbriefe genutzt.[22] Fotos werden nun auch archiviert, dienen der Rechtfertigung von repressiven Handlungen und der Beweisaufnahme. Die schon vor der Jahrhundertwende geführten Rassehygienik- und Eugenik-Debatten veranlassten Mediziner und Psychiater zu einer systematischen Auflistung von Abweichungen menschlicher Verhaltensformen und Physiognomien. Dazu nutzten Ärzte in psychiatrischen Anstalten auch das Mittel der Fotografie.[23]

Der Historiker, der derartige gesellschaftlich codierte Wahrnehmungsmuster und Erfahrungen im Umgang mit Fotografien durchschauen möchte, muss daher hellhörig gegenüber dem Herstellungs-

---

22 Vgl. Stamm, Rainer, Triumph des Rechts der Stärkeren, in: TAZ, Nr. 5551 v. 9.6.1998. Stamm berichtet hier von der Ausstellung: „Police Pictures. The Photograph as Evidence“.

23 Vgl. Dicks, Joachim, Das Objektiv des gesunden Volkes, in: TAZ-Hamburg, Nr. 5452 v. 7.2.1998. Die fotografische Diskriminierung behinderter Menschen reicht bis in die Gegenwart.

und Verwendungszusammenhang von Fotografien sein. Die meisten Fotos sind genauso wie künstlerische Bilder oder Gemälde eine Inszenierung und Interpretation der Welt, sie unterliegen nicht minder wie Bilder dem zeitspezifischen und schichtspezifischen[24] Diktat des Geschmacks und des moralischen Gewissens.

Fassen wir zusammen:

- Fotografien sind hochkomplex und enthalten schier zahllose Informationen, die u.U. schwieriger als sprachliche Texte zu entschlüsseln sind.
- Fotografien sind grundsätzlich Fragmente, sie geben nur einen Teil dessen wieder, was der Fotograf sieht.
- Fotografien sind keine „Fenster zur Welt", keine unbestechlichen Abbilder der Realität, sie scheinen dem Betrachter unmittelbar etwas zu enthüllen, präsentieren aber vielmehr Konstruktionen, die magische Imaginationen auslösen und zum begriffslosen Realitätsersatz werden können.
- Fotografien und deren Bildinhalte wie Bildsprache können nur selten auf ihren historischen Entstehungs- und Verwendungszusammenhang hin befragt werden.

Fotos als historische Dokumente

Trotz dieser kritischen Überlegungen darf nicht übersehen werden, dass die unübersehbare Fülle von historischen Fotografien natürlich auch aussagekräftige Quellen oder Dokumente[25] darstellen können, denen man freilich mit den umrissenen Vorbehalten begegnen muss. Denn Fotos geben erst ihre Geheimnisse preis, wenn man sie mit einem möglichst umfangreichen Vorwissen konfrontiert, wenn man sie differenziert nach ihrem historischen Entstehungskontext befragt und sie aus diesem interpretiert.[26]

---

24 Allgemein hierzu: Bourdieu; Boltanski; Castel; Chamboredon; Lagneau; Schnapper, Eine illegitime Kunst. Die sozialen Gebrauchsweisen der Photographie, Frankfurt/M. 1981. Kritisch zur Methode dieser Studien Starl, Timm, Knipser, S. 142 ff.

25 Vgl. z.B. Lüdtke, Alf, Industriebilder – Bilder der Industriearbeit? Industrie- und Arbeiterphotographie von der Jahrhundertwende bis in die 1930er Jahre, in: Historische Anthropologie 1 (1993), S. 394-430.

26 Vgl. zum Folgenden Kerbs, Diethart, Fotografie und Geschichte, in: Wick, Rainer K. (Hg.), Fotografie und ästhetische Erziehung, München 1992, S. 97 ff.

a) Fotos vermitteln eine unübersehbare Fülle von *historischen Sachinformationen:* Wie sahen die historischen Persönlichkeiten aus, wie waren sie gekleidet, welche Frisuren oder welchen Schmuck trugen sie; oder: welche Häuser waren durch Kriegseinwirkungen beschädigt, welche unzerstört, welche Waffen kamen zum Einsatz, wie gruppierten sich Familien oder Politiker bei offiziellen Anlässen. Wie haben sich Dörfer oder Städte durch die Industrialisierung verändert, wie Landschaften, wie Arbeitsbedingungen oder Wohnlandschaften, wie die Geschlechterbeziehungen und die Kindheit, wie die Verkehrsmittel usw. usf.

b) Fotos können als *Veranschaulichungsmittel* oder als *Interpretationshilfe* dienen: Dazu gehören nicht einfach nur die charakteristische Mimik oder Gestik von „großen" Persönlichkeiten, sondern auch atmosphärische Details von Verhandlungen, von herausragenden politischen Ereignissen, besonderen sozialen Verhältnissen, man denke an unterbürgerliche Wohnverhältnisse oder an die Salons von Angehörigen des Großbürgertums oder von Adligen, an Einrichtungsgegenstände in der „Frankfurter Küche" oder in ländlichen Verhältnissen, an Familienfeiern oder Massendemonstrationen beim Ausbruch des Ersten Weltkriegs oder gegen den Vietnamkrieg. Zahlreiche Fotos sind inzwischen zu Ikonen geronnen, man denke nur an das Hissen der sowjetischen Flagge auf dem Reichstagsgebäude nach der Eroberung Berlins durch sowjetische Truppen (von der es auch eine aufschlussreiche Fälschung gibt[27]), an den Kniefall von Willy Brandt in Warschau oder an die Rede von Genscher in der deutschen Botschaft in Prag im Prozess der Auflösung der DDR.

c) Weiterhin halten viele Fotografien auch (unbeabsichtigt) eine Fülle von *Details* fest, die vielleicht für den Zeitgenossen und den Fotografen irrelevant erscheinen mögen, aber für den späteren Betrachter durchaus aufschlussreich sein können. Man denke an Einrichtungsgegenstände, Werkzeuge, Bautechniken, Körpersprache u.ä.m. Gerade hier kann die fotografische Überlieferung die schriftliche nicht nur ergänzen, sondern dieser auch haushoch überlegen sein.

d) Bei *Oral-History-Projekten* können Fotografien wichtige Hilfestellungen bieten. Der Erzähler wird sich anhand von eigenen oder fremden Fotos leichter an bestimmte Vorgänge oder Ereignisse erinnern, die ihm ohne diese Gedächtnisstütze vielleicht nicht mehr präsent wären. Er kann das Zustandekommen von Fotografien erläutern, seine eigenen Gefühle darstellen, Geschichten im Umkreis dieser Bilder erzäh-

27 Vgl. Haus der Geschichte, Bilder, S. 44 f.

len u.ä.m. Fotografien können gerade bei Oral-History-Projekten eine schier unverzichtbare mnemotechnische Funktion wahrnehmen. Unter fachdidaktischen bzw. unterrichtspraktischen Aspekten betrachtet, kann es nicht Ziel einer historischen Foto- bzw. Bildkunde sein, mittels eines raffinierten und differenzierten methodischen Instrumentariums aus einem problematischen und vieldeutigen Bild eine eindeutige „verlässliche" Quelle zu machen. Damit würde dem Bild bzw. der Fotografie eine wesentliche – auch ästhetische – Dimension genommen werden. – Bei Fotografien führen allein die herkömmlichen quellenkritischen Fragen kaum weiter: Der Name des Fotografen dürfte in den meisten Fällen für die Deutung einer Fotografie unerheblich sein, auch der genaue Zeitpunkt und die Umstände der Aufnahme tragen in der Regel wenig bei, um die Bildsprache zu erkennen; der Auftraggeber dürfte in vielen Fällen nicht bekannt sein. Diese traditionellen quellenkundlichen Zugangsweisen würden ohnedies keine große Hilfe für eine differenzierte Bildinterpretation bieten können. Auch wenn es sicherlich Fotografien gibt, bei denen derartige quellenkritische Fragen sinnvoll gestellt und vielleicht auch beantwortet werden können[28], so dürften sie nur eine Ausnahme sein. Entsprechende Recherchen und Erwägungen, auch zur inneren Zensur beim Fotografieren, sind für eine wissenschaftliche Historische Bildkunde unverzichtbar, im alltäglichen Geschichtsunterricht sind sie bei der Arbeit mit Fotografien, die in herkömmlichen Unterrichtsmedien abgedruckt sind, eher unrealistisch. Im Übrigen erlahmt erfahrungsgemäß das Schülerinteresse rasch bei der Klärung von quellenkritischen Präliminarien, wenn diese keinen offensichtlichen oder überraschenden Ertrag für die Deutung der Quelle leisten.

Und schließlich kann es – ähnlich wie bei der Quelleninterpretation – nicht nur eine oder *die* Deutung geben; dazu sind Fotografien viel zu komplex und mehrschichtig. Sie enthalten in der Regel erheblich mehr „Informationen" als überschaubare herkömmliche Quellentexte[29]. Fo-

---

28 Viele Beispiele hierfür bieten die Aufsätze in der Zeitschrift „Fotogeschichte. Beiträge zur Geschichte und Ästhetik der Fotografie", die seit 1981 erscheint. Nur zwei – auch für den Geschichtsunterricht aufschlußreiche – Titel: Hille, Nicola, Macht der Bilder – Bilder der Macht. Beispiele politischer Fotomontage der 30er Jahre, in: Fotogeschichte 17 (1997), S. 23-31; Mietzner, Ulrike; Pilarczyk, Ulrike, Fahnenappell – Entwicklung und Wirkungen eines Ordnungsrituals. Fotografie als Quelle in der bildungsgeschichtlichen Forschung, in: Fotogeschichte 17 (1997), S. 57-63.

29 Vgl. z.B. Kaufmann, Günter, Der Händedruck von Potsdam – die Karriere eines Bildes, in: GWU 48 (1997), S. 295-315.

Abb. 6: Aufnahme von Reichskanzler Otto von Bismarck und Kaiser Wilhelm II. vom 30. Oktober 1888.

tografien bedürfen zu ihrer Entschlüsselung einer Fülle zusätzlicher Informationen, die nicht nur aus den Umständen der Aufnahme und aus dem Inneren des Bildes kommen, sondern im Wesentlichen aus den Intentionen und Erwartungen der auf der Fotografie Abgebildeten und der bei ihrer Produktion Beteiligten. Insofern unterscheiden sie sich fundamental von anderen Quellen: Fotos können Vorgänge oder Ereignisse nicht selbst erläutern oder wie ein Bild oder eine Karikatur kommentieren. Sie können diese nur mittels bereits verfügbarer Vorinformationen illustrieren und veranschaulichen.

Beispiele für historische Fotointerpretationen

Bild Bismarck – Wilhelm II.

Das Foto entstand am 30. Oktober 1888. Dieser Zeitpunkt legt Vermutungen über die Umstände der Begegnung nahe. Der Berliner Fotograf M. Ziesler arrangierte eine Aufnahme, die vermutlich dem offiziellen Zweck dienen sollte, der Öffentlichkeit das Bild einer intakten Beziehung zu vermitteln. Der Kontext ist nicht direkt aus der Fotografie abzulesen. Wenige Monate zuvor, am 15. Juni 1888, hatte Wilhelm die Nachfolge seines Vaters, des nur 99 Tage regierenden liberalen Kaisers Friedrich III. angetreten. Bei dem hier festgehaltenen Besuch des Monarchen in Friedrichsruh, dem Familiensitz des die politischen Geschäfte des Deutschen Reiches führenden Reichskanzlers, mag das ambivalente Verhältnis spürbar gewesen sein, das schließlich zur Entlassung Bismarcks 1890 beitrug, wenngleich dies visuell nicht sichtbar gemacht werden sollte. (...) Die fotografische Aufnahme war darauf angelegt, die beiden Repräsentanten der Staatsmacht in ihren Uniformen in einer förmlich korrekten körpersprachlichen Haltung zu zeigen. Der 73 Jahre alte erfahrene Reichskanzler stand vor seinem 29jährigen Kaiser, dem er verantwortlich war und der seine neue Position sichtbar auszufüllen gewillt war. Diese Perspektive, die die Personen in der Seitenansicht festhält, wurde bewusst gewählt, da Wilhelm seit der Geburt an einer Verkürzung seines linken, vom Betrachter abgewandten Armes litt. Dies mag auch zu einer inneren Spannung in seiner Persönlichkeit und einem starken Geltungsanspruch beigetragen haben. Die mentalitätsgeschichtliche Entwicklung im Deutschen Kaiserreich maß dem äußeren Habitus ein hohes Gewicht bei. Stilisierte Körperhaltung, Uniform und die militärischen Zeichen besaßen in der Wertordnung der Gesellschaft höchstes Ansehen. Sie wurden von den zeitgenössischen Betrachtern als Repräsentation der Stellung in den hierarchisierten Machteliten gelesen.

(Ruppert, Wolfgang, Bilder vom Kaiserreich. Sozial- und politikgeschichtliche Aussagen in Fotografien, in: Deutsche Fotografie. Macht eines Mediums 1870-1970, hg. v. der Kunst- und Ausstellungshalle der Bundesrepublik Deutschland, Bonn 1997, S. 21-30, hier S. 23 f.)

Keller-Bild

Die Dokumentation, aus der dieses Foto (Abb. 7, S. 75) stammt, ist Bestandteil der Wohnungs-Enquête der Berliner Ortskrankenkasse der Kaufleute, Handelsleute und Apotheker. Die Fotografien wurden im Auftrag der Kasse hergestellt. Die Fotografie enthält folgende Originalunterschrift: „B.-SW, Grossbeerenstraße 6, Vorderhaus im Keller. Der 60jährige Patient schläft in einer dunklen Küche des Arbeitgebers, welche 6 Meter lang, 1,80 Meter breit und 2,50 Meter hoch ist. Wände und Decke sind verräuchert, der Putz vielfach abgefallen. Das Fenster misst 80 cm im Quadrat."

Diese Fotografie ist zunächst eindrucksvoll und wichtig für eine historische Realienkunde: Was kann man alles in dieser Wohnung so sehen? Nicht minder wichtig ist die Klärung, welche sozialen und politischen Ziele mit dieser Fotografie, die Teil einer großen Fotodokumentation ist, verfolgt wurden. Der Herausgeber der Dokumentation, Albert Kohn, notierte hierzu 1903: „Wenn wir unserer diesjährigen Arbeit einige Abbildungen beifügen, so geschieht es, weil wir der Ansicht sind, daß dadurch mancherlei besser wiedergegeben werden kann, wie es uns mit der Feder möglich ist, auch dabei haben wir jedoch unterlassen, besonders krasse Fälle zur Darstellung zu bringen. Wir zeigen Aufenthaltsräume, welche so traurig sie auch beschaffen sind, nicht zu den Seltenheiten gehören, sondern mit geringen Abweichungen häufig festgestellt wurden."[30] Kohn sah offenbar in der Wohnungsmisere eine der Hauptursachen für Krankheiten. Staat und Kommune sollten veranlasst werden, Maßnahmen zur Abhilfe zu ergreifen. Interessant ist in diesem Zusammenhang, dass diese Fotografien Statistiken unterstützen sollten, indem sie authentische Belege beibrachten. Bei der Betrachtung derartiger Fotografien sollte man bedenken, dass der Fotograf mit einem sehr hellen Blitzlicht arbeiten musste, wodurch manche stockdustere Räumlichkeiten in ein „freundlicheres" Licht getaucht wurden.

---

30 Asmus, Gesine (Hg.), Hinterhof, Keller und Mansarde. Einblicke in Berliner Wohnungselend 1901-1920. Die Wohnungs-Enquête der Ortskrankenkasse für den Gewerbebetrieb der Kaufleute, Handelsleute und Apotheker, Reinbek 1982, S. 32. Hier weitere Informationen zu der Dokumentation und zum Leben in den Berliner Mietskasernen.

Abb. 7: Keller-Bild. (*Quelle:* Asmus, Gesine [Hg.], Hinterhof, Keller und Mansarde. Einblicke in Berliner Wohnungselend 1901-1920. Die Wohnungs-Enquête der Ortskrankenkasse für den Gewerbebetrieb der Kaufleute, Handelsleute und Apotheker, Reinbek 1982, S. 62)

SPD-Turner: Bundesfest 1922

Da den Schülerinnen und Schülern wahrscheinlich Bilder von ähnlichen Massenaufmärschen und Masseninszenierungen der Nationalsozialisten bekannt sein dürften, wird ihre Wahrnehmung wohl eher negativ und kritisch ausfallen. Denn immerhin lässt sich doch z.B. die Entindividualisierung und Funktionalisierung zahlreicher Menschen für politische Zwecke identifizieren, die Geschlossenheit und Disziplin, das System von Befehl und Gehorsam usw. Solche disziplinierte Masseninszenierungen lösen Assoziationen aus, die von Bildern mit ähnlicher Bildsprache geprägt sind.

Abb. 8: Vorführung zum 1. Bundesfest des Arbeiter-Turn- und Sportbundes in Leipzig 1922. (*Quelle:* Teichler, Hans Joachim; Hauk, Gerhard (Hg.), Illustrierte Geschichte des Arbeitersports, Bonn 1987, S. 132)

Erst eine Bildlegende kann verraten, dass es sich hier nicht um ein Massenspektakel des Nationalsozialismus, sondern um eine Vorführung zum 1. Bundesfest des sozialdemokratischen Arbeiter-Turn- und Sport-Bundes in Leipzig 1922 handelt. Die zunächst eindeutige soziale und politische Botschaft der Fotografie erscheint somit in einem völlig anderen Licht. Die Arbeiter wollten offenbar sich und der bürgerlichen Öffentlichkeit beweisen, dass sie zu einem disziplinierten und geordneten Auftreten durchaus in der Lage waren und keineswegs einen „chaotischen Haufen" bildeten, dem entsprechende Tugenden fehlen. Aber – so könnte im Unterricht überlegt werden – orientierte sich hier die Arbeitersportbewegung nicht an militärischen Vorbildern und inszenierten sie nicht eine Kultur des Kompromisses, indem sie mit „Sauberkeit", „Geschlossenheit", „Disziplin", „Ordnung" etc. dem „Klassengegner" imponieren wollten? Und wurden nicht die sozialdemokratischen Arbeiter und die Zuschauer dieses Spektakels sowie die Bildbetrachter dazu angeregt, sich mit militaristisch-autoritären Ordnungsmustern und Ritualen zu identifizieren?[31] Gerade dieses „politische" Foto demonstriert, dass die Interpretation nicht nur vom politischen Standort des zeitgenössischen und gegenwärtigen Betrachters abhängt, sondern dass hier die Problematik von spezifisch historischen Inszenierungen berührt wird, zumal von der Sozialdemokratie eine Form der Selbstinszenierung gewählt wurde, die bereits in der Weimarer Republik sehr unterschiedlich konnotiert und bewertet werden konnte.

Das Beispiel zeigt ferner, dass es einen Wandel in der Wahrnehmung der Bildsprache gibt, denn der zeitgenössische Betrachter wird die Fotografie mit Sicherheit anders wahrgenommen haben, als ein gegenwärtiger sie beurteilen wird.

Hindenburg-Hitler-Aufnahmen

Das Foto zeigt Hitler und Reichspräsident Paul von Hindenburg. Aufgenommen wurde das Foto wahrscheinlich am 19. November 1932, als Hindenburg nach dem Rücktritt des Kabinetts von Papen Hitler zu einem Gespräch empfangen hatte. Für das Wahlplakat 1933 wurde das Foto sichtlich retuschiert. Die unterrichtliche Analyse dieser Veränderungen sollte wichtige Details erfassen, denn sie sind historisch aufschlussreich: Hitler erhält eine Uniformjacke und einen Soldatenmantel. Die durch einen Magnesiumblitz stark überbelichteten Gesichter wurden übermalt. Offenbar besonders wichtig für die nationalsozialisti-

31 Vgl. hierzu Wunderer, Hartmann, Die Arbeiter-Kultur-Bewegung in der Weimarer Republik: Höhepunkt der Solidar-Gemeinschaft oder Niedergang der Klassenkultur? Eine falsche Gegenüberstellung, in: Nitsch, Franz; Peiffer, Lorenz (Hg.), Die Roten Turnbrüder. 100 Jahre Arbeitersport, Marburg 1995, S. 63 ff.; zur angesprochenen Problematik vgl. auch Hauk, Gerhard, „Armeekorps auf dem Weg zur Sonne". Einige Bemerkungen zur kulturellen Selbstdarstellung der Arbeiterbewegung, in: Fahnen, Fäuste, Körper. Symbolik und Kultur der Arbeiterbewegung, Essen 1986, S. 69-89.

Abb. 9a und 9b: Foto und Plakat mit Hindenburg und Hitler. (*Quelle:* Jaubert, S. 67)

sche Propaganda war, dass man die beiden Gestalten deutlich angenähert hat. Hindenburg wird für die NS-Propaganda instrumentalisiert. Die kalte und starre Distanz wurde aufgehoben, der „Marschall" und der „Gefreite" rücken dichter aneinander, der Gefreite und der Generalfeldmarschall bilden nun auch optisch wie politisch eine Einheit.

Bild aus dem Vietnamkrieg

Möglicherweise wird diese berühmte Fotografie aus dem Vietnamkrieg bei Schülerinnen und Schülern länger im Gedächtnis haften bleiben als der dazugehörige Schulbuchtext. Die stark emotional anrührende Fotografie veranlasst den Betrachter zu einem „klaren" Urteil über den Vietnamkrieg. Sie ist mittlerweile fast zum Signet des Napalm-Krieges geworden. – Das Bild trennt zwischen gedemütigten, gehetzten, gequälten, verletzten, unschuldigen und hilflosen Opfern im Vordergrund einerseits und sich gelassen bewegenden, unbeteiligt wirkenden Tätern andererseits. Bereits die Körpersprache der fotografierten Menschen ist aufschlussreich. Die Kinder haben etwas Entsetzliches erlebt, das nie wieder aus ihrem Gedächtnis und Körper weichen wird. Der undurchdringliche Bildhintergrund verweist auf ein verheerendes Zerstörungswerk der Soldaten im Hintergrund, die sich scheinbar unbeteiligt, fast gemächlich davon wegbewegen. Das doppelt schockierende Bild (die entsetzten Kinder, die gelassen wirkenden Soldaten) provoziert eine unmittelbare und wertende Stellungnahme.

Abb. 10: Napalm-Angriff im Vietnamkrieg 1972.

Das Bild entstand am 8. Juni 1972. Das Mädchen Kim Phuc erinnert sich:
Ich hatte das Gefühl, als ob mein Körper von innen nach außen verbrannte, und sah nichts mehr, nur Feuer überall. Auf einmal waren Regierungssoldaten da. Einer versuchte, mir die Kleider vom Leib zu reißen, aber seine Hände verbrannten dabei. Ein anderer warf seine Jacke auf mich. Sie versuchten, meinen Körper zu löschen, aber es gelang ihnen nicht, und ich schrie und schrie, weil ich entsetzliche Schmerzen hatte. Dann riefen die Soldaten: „Weg! Lauft alle weg!" Und ich rannte los, nackt, wie ich war, und während ich lief, sah ich auf einmal mein ganzes Leben vor mir. Ich wusste, dass ich schwer verletzt war, dass ich würde leiden müssen. Und ich war todtraurig." Sie deutet auf das Foto: „Ganz links, das ist mein Bruder. Und rechts von mir, da läuft mein Cousin. Wir rannten und rannten, und endlich kamen wir an die Brücke, dort warteten die Reporter." Unter ihnen war der Fotograf Huynh Cong Ut, der das Bild seines Lebens schoss. Er erhielt dafür den Pulitzer-Preis. „Sie haben Wasser über uns geschüttet, und wir haben geschluckt und getrunken, und mir war heiß, so heiß. Dann wusste ich auf einmal gar nichts mehr. Ich wurde ohnmächtig."
Das Napalm hatte sich in ihren Rücken, in den Nacken und vor allem in den linken Arm gefressen. Kim Phuc wurde nach Saigon gebracht, in das amerikanische Coray-Hospital. Die Ärzte wussten um die plötzlich weltweite „Berühmtheit" ihres Schützlings. Es war ein Do-ut-des-Geschäft: In den kommenden zwölf Monaten wurde sie besonders sorgfältig behandelt und Besuchern als Beispiel für Amerikas humanitäres Engagement vorge-

führt. Kim Phuc nennt diese Zeit in der Erinnerung das „Jahr des Schmerzes." (...) Vierzehnmal haben die Ärzte ihr gesunde Haut verpflanzt, von den eigenen Beinen auf die Wunden. Doch die Narbenstränge schmerzen zwei Jahrzehnte später noch immer.
(Knopp, Guido, Bilder, die Geschichte machten, München 1992, S. 12-15)

Dieses in zahllosen Medien publizierte Bild hat eine stärkere politische Wirkung entfaltet als 1000 Demonstrationen gegen den Vietnamkrieg. Dieser Tatbestand, diese Macht der Bilder, sollte im Geschichtsunterricht thematisiert und problematisiert werden, denn die unbefragte Fixierung auf die Bilder blockiert die Entfaltung des Geschichtsbewusstseins. Eine eingehende ikonographische Analyse dieser Fotografie wird ihr nicht ihren „Reiz" nehmen können, im Gegenteil, sie wird dem Betrachter verdeutlichen, warum und wodurch er zu seinem schnellen „Urteil" gelangt ist, obgleich er womöglich noch gar keine näheren Kenntnisse über das auf der Fotografie dokumentierte schreckliche Geschehen hat. Darüber hinaus könnte auch die Rolle des Reporters diskutiert werden, der am Rande eines schrecklichen Geschehens „das Bild seines Lebens" schießt.

4.5 Immer wieder lohnend: Karikaturen und Geschlechtergeschichte

Karikaturen zählen seit längerem zu beliebten und selbstverständlichen Medien im Geschichtsunterricht. Ihre pointierten Botschaften können leicht und schnell erfasst werden, sie provozieren eine rasche affektive Reaktion der Zustimmung oder Ablehnung. Karikaturen erscheinen als didaktisch leicht handhabbares Medium. Aber: Ihre Suggestivkraft verführt leicht zur vorschnellen Identifikation. Erst die genauere Analyse von Karikaturen kann wichtige Impulse freisetzen: Will der Karikaturist die Wirklichkeit satirisch wiedergeben, gibt er Verhältnisse dem vernichtenden Spott preis, warnt er vor Tendenzen oder wagt er vielleicht sogar Prognosen?

Karikaturen eignen sich besonders als motivierender Einstieg. Weiterhin können sie einem „Spannungsabfall" im Unterricht vorbeugen oder auch zur Wiederholung sowie zur Ergebnissicherung dienen.

Günter Kaufmann hat Überlegungen (am Beispiel einer oft fehlgedeuteten Karikatur von H.E. Köhler) angestellt, die beim Einsatz von Karikaturen gerade in der gymnasialen Oberstufe bedacht werden sollten. Mit seinen Ausführungen will er insbesondere der unreflektierten suggestiven Wirkung von Karikaturen entgegentreten, es gelte vielmehr, sie historisch und funktional zu verorten:

Es ließe sich an dieser Stelle einwenden, daß die Karikatur ohnehin ein untaugliches Mittel sei, differenzierte Sichtweisen zu vermitteln, da ihre Leistung gerade in der Reduktion, in der pointierten, bewußt vereinfachenden Darstellung liege. Es soll das Recht und die Notwendigkeit der Karikatur zur plakativen, scharf umreißenden Kommentierung oder gewagten Prognostizierung politischer Vorgänge überhaupt nicht bestritten werden. Aber was dem Karikaturisten erlaubt und geboten ist, sollte dem distanzierten Betrachter der Karikatur verwehrt bleiben. Der Karikaturist beabsichtigt mit künstlerischen Mitteln dem Betrachter schnell und eindringlich ein Urteil über einen Sachverhalt mitzuteilen, das durch die Art der Präsentation suggestiv unterbreitet wird und emotional wirkt und dadurch eine „automatische Rezeption" auslöst. Das trifft auch für historische Karikaturen zu, deren aktuelle Funktion längst verblaßt ist, die aber gerade deswegen, weil sie oft eine kritische Perspektive von unten einnehmen, die sich im Laufe der Zeit zur allgemein akzeptierten Sicht gewandelt hat, als quasi-objektive Spiegelung der Realität mißverstanden oder mißbraucht werden. Es wäre für den Unterricht wenig gewonnen, wenn die Schüler im Zuge einer schnellen unreflektierten Aufnahme der Beeinflussung des Künstlers ohne weiteres ausgeliefert würden. Die „automatische Rezeption" sollte auch gerade dort aufgebrochen werden, wo sich unmittelbar Sympathien mit der visualisierten Meinung einstellen. Dies läßt sich in der Regel nicht durch eine immanente Betrachtung, sondern nur durch die Aufarbeitung des historischen Kontexts, d.h. durch die Hinzuziehung von zusätzlichen Informationen erreichen. Der Betrachter muß eine umsichtige Differenzierung vornehmen, damit das Ausmaß der Reduktion, die Einseitigkeit der Betrachtung und die Perspektivität des Urteils bewußt und diskutierbar werden können. Karikaturen sollten in diesem Sinne nicht als Medium dienen, um sich im schnellen Zugriff unbedacht der Wirklichkeit zu versichern. Sie besitzen vielmehr einen hohen heuristischen Wert, weil sie dazu anstiften, über das Bewußtsein des Künstlers, über sein prononciertes Urteil einen Einstieg in die untersuchende und rekonstruierende Annäherung an die vergangene Realität zu gewinnen.

(Kaufmann, Günter, „Oh Bruder!" – drei Karikaturen H.E. Köhlers zur deutschen Teilung. Ein Versuch, sich der Suggestion von Karikaturen zu widersetzen, in: GWU 45 [1994], S. 151-163, hier S. 161 f.)

Mit diesen Bemerkungen ist die Problematik von Karikaturen allerdings noch nicht erschöpft. Ein Fallbeispiel:

Abb. 11 und 12: „Wie sich die Unteroffiziere nach den Schilderungen der sozialdemokratischen Zeitungen und Witzblätter betragen, und – wie liebevoll sie sich in Wirklichkeit benehmen." Zeichnungen aus „Der Dorfbarbier", 1904
(*Quelle:* Conring, Franz [Hg.], Das deutsche Militär in der Karikatur, Stuttgart o.J. [ca. 1907], S. 386 u. 387)

Abb. 13: Adelige Weltanschauung. (Karikatur von Bruno Paul)
„– – Ehre, Liebe und Hunger sind es, die die Welt bewegen; für die Ehre haben wir das Duell, für die Liebe das Corps de Ballet und für den Hunger, Gott sei Dank, die reiche Heirat.“ (*Quelle:* Conring, Franz [Hg.], Das deutsche Militär in der Karikatur, Stuttgart o.J., S. 438)

Militär und Geschlechterbeziehungen im Deutschen Kaiserreich

Im Kaiserreich blühten die Karikaturen, die sich bevorzugt mit dem Zuständen im Militär, mit den harten Bedingungen im Militärdienst und mit der Eitelkeit der Offiziere befassten. Bei sehr vielen Karikaturen spielt das Verhältnis zwischen einfachen Soldaten und Offizieren einerseits sowie Frauen andererseits eine zentrale Rolle. Die nachfolgenden Karikaturen vermitteln vielfältige Einblicke in dieses spannungsreiche und komplexe libidinöse Verhältnis. Sie können Anlass zu allerlei wilden Spekulationen über die scheinbar klaren, aber in Wirklichkeit doch reichlich komplizierten Geschlechterbeziehungen im Deutschen Kaiserreich geben, in denen Frauen keineswegs nur – wie oft behauptet – eine Objekt- oder Opferrolle spielten.[32] Denn die zunächst sehr eindeutig erscheinenden Karikaturen erweisen sich bei näherer Betrachtung doch als ziemlich vertrackt. Aber gerade darin liegt auch ihr Reiz für den Unterricht.

Die Offiziere werden in den Karikaturen als eitel, selbstgefällig und wenig galant, die jungen Frauen als ebenso gefallsüchtig und auf attraktive Leutnants fixiert entlarvt. „Der preußische Leutnant ging als junger Gott, der bürgerliche Reserveleutnant wenigstens als Halbgott durch die Welt."[33] So beschrieb der Historiker Friedrich Meinecke rückblickend das pfauenhafte Auftreten und das dünkelhafte Selbstverständnis dieser jungen Männer.[34] Der harte männliche Panzer, die Uniform, wird durchgängig kontrastiert mit weichen weiblichen Formen. Tatsächlich bleibt offen, wer bei diesem Geschlechterkampf der Überlegene ist – der gesellschaftlich hoch angesehene Offizier oder die ihm emotional ergebene, vielleicht aber auch emotional und intellektuell überlegene attraktive Frau.

Hinzu kommt noch eine weitere Schwierigkeit: Die Karikaturen erwecken beim ersten oberflächlichen Betrachten den Eindruck, dass die Künstler dem (preußischen) Militär kritisch oder nur in spöttischer Distanz gegenüberstehen und dessen leere Borniertheit denunzieren. Möglicherweise ist eher das Gegenteil der Fall: Der liebenswürdige Spott gilt womöglich nur den immergleichen Themen. Tatsächlich bewunderten sogar viele Karikaturisten den „Glanz" der erfolgreichen preußischen Armee, sonst hätten sie ja nicht zahllose – auch humorvolle – Karikaturen über das Militär produziert. Im übrigen prägten militärische Leitvorstellungen – sogar bis in die Sozialdemokratie hinein – das Alltagsleben des Kaiserreichs. Karikiert und dem Spott preisgegeben wurde daher nicht die Armee schlechthin, sondern eher das

32 Vgl. aber Ullrich, Volker, Die nervöse Großmacht. Aufstieg und Untergang des deutschen Kaiserreichs 1871-1918, Frankfurt/M. 1977, S. 313 ff. Dieses Kapitel informiert insgesamt sehr prägnant über die rechtliche, soziale und materielle Situation von Frauen im Kaiserreich.

33 Zit. nach Ullrich, Großmacht, S. 400.

34 Das in Kapitel 1 angesprochene Konzept der männlichen Ehre kann ebenfalls mittels derartiger Karikaturen erschlossen werden.

Abb. 14: Sein Standpunkt! (Karikatur von C. Heilemann) „Wie stellen Sie sich zur Antikorsett-Bewegung, Herr Leutnant?" „Damens habe ich allerdings lieber ohne Korsett! – Aber für Leutnant bleibts unentbehrliches Möbel!" (*Quelle:* Conring, Franz [Hg.], Das deutsche Militär in der Karikatur, Stuttgart o.J., Beilage 60)

distanzierte Verhältnis zwischen den Soldaten und den Offizieren und das zeittypische Geschlechterverhältnis – man denke nur an Fontanes „Effi Briest". Bei aller Sympathie Fontanes für seine „gefallene" Effi verurteilt der Autor nicht das Verhalten Innstettens, er problematisiert eher die Folgen der schwierigen Geschlechterbeziehungen im Kaiserreich.

Zudem entwickelte sich in dieser Zeit die Psychoanalyse, deren Klienten zunächst vor allem sozial und sexuell frustrierte Frauen waren. Zwischen Fontane und Freud[35] liegt kein „weites Feld", die Karikaturen illustrieren vielmehr – ob bewusst oder unbewusst, sei einmal dahingestellt – dieses prekäre Geschlechterverhältnis.

Die Analyse der Karikaturen sollte sich daher nicht auf die handgreifliche Kritik oder den Spott der Karikaturen beschränken, sondern die Sprach- und Sprechunfähigkeit innerhalb der damaligen Geschlechter-

35 Im Jahr 1908 erschien Sigmund Freuds Abhandlung „Die kulturelle Sexualmoral und die moderne Nervosität", in der er u.a. Bezüge zwischen weiblicher Frigidität und repressiver Sexualerziehung herstellte.

Abb. 15: Selbstgefühl. (Zeichnung von Oskar Bluhm) „Es ist doch eine bekannte Tatsache, daß Menschen, die lange zusammenleben, wie z.B. Eheleute, sich immer ähnlicher werden!" – Leutnant: „So? – Da kann sich meine Braut gratulieren!" (*Quelle:* Conring, Franz [Hg.], Das deutsche Militär in der Karikatur, Stuttgart o.J., S. 54)

verhältnisse ebenso in den Blick nehmen sowie die Machtverhältnisse zwischen Mann und Frau und die sich unter der Oberfläche abzeichnenden Brüche. Diese Kommunikationsangst bzw. -unfähigkeit wird z.B. an den stereotypen „Sprechblasen" der „stolzen" Offiziere deutlich.

Abb. 16: Frau Leutnant. (Zeichnung von F. von Reznicek) „Die grausamste Enttäuschung meines Lebens erfuhr ich, als ich meinen Mann zum erstenmal ohne Uniform sah." (*Quelle:* Conring, Franz [Hg.], Das deutsche Militär in der Karikatur, Stuttgart o.J., S. 341

Die hellsichtigen Karikaturen lassen außerdem (ebenso wie Fontanes Roman) durchaus offen, wer bei diesem Geschlechterkampf letztlich der Stärkere und wer das Opfer ist. Denn auch in „Effi Briest" sind Innstettens Biographie und Karriere zerstört.

Und schließlich: Der Militarismus bzw. die Entzivilisierung des gesellschaftlichen wie politischen Lebens und Denkens im ausgehenden 19. Jahrhundert führten in die Katastrophen des 20. Jahrhunderts. Reflektieren das auch die Karikaturen? Thematisieren sie die Folgen des brutal-harten „männlichen" Panzers, der sich in den Geschlechterbeziehungen manifestiert und der die aggressiv-gehorsame Opferhaltung des Soldaten und Offiziers im Ersten Weltkrieg vorwegnimmt? Oder nehmen die Karikaturen nur eine eitle, geschlechterbezogene machtorientierte „Oberfläche" des Militärs ins Visier?

Diese Überlegungen machen deutlich, dass künstlerische Karikaturen nicht ohne weiteres eindeutig interpretiert werden können: Sie sind ihrer Zeit verhaftet, transzendieren diese ansatzweise. Aber reflektieren sie auch die gefährlichen psychischen und politischen Potenziale ihres „nervösen Zeitalters"?

Derartige Fragen lassen sich anhand der Karikaturen entwickeln, sicherlich aber nur ansatzweise beantworten. Wichtig erscheint aber auf jeden Fall, dass die Karikaturen nicht als platte Militarismuskritik fehlinterpretiert und die Geschlechterbeziehungen nicht auf ein schlichtes einseitiges Abhängigkeitsverhältnis reduziert werden.

4.6 Clio geht ins Kino: Zur Problematik von historischen Filmen und von Filmen zu historischen Themen

Wohl bei keinem anderen Medieneinsatz im Geschichtsunterricht klafft eine so große Lücke zwischen Unterrichtsrealität und didaktischen Ansprüchen und Möglichkeiten wie bei dem Einsatz von Filmen. Spielfilme werden in der Regel zur Motivation am Anfang oder am Ende einer Unterrichtssequenz gezeigt, gewissermaßen als Belohnung. Filme werden in den „schwierigen" Tagen vor den Ferien oder Zeugnissen vorgeführt, nachdem die Bücher schon abgegeben wurden. Alle sitzen nur noch ungeduldig ihre Zeit ab ... Erschwerend sind noch andere schulische Rahmenbedingungen: der Unterricht im 45-Minuten- oder 90-Minuten-Rhythmus, der kaum die Zeit lässt, um noch über den Film sprechen zu können – sofern man ihn denn überhaupt „am Stück" ansehen konnte. Hinzu kommen die habitualisierten Rezeptionsgewohnheiten von Schülerinnen und Schülern, die nach dem Film fragen: „Und was schauen wir uns jetzt an? So aufregend war das ja wohl nicht!"

Diese Reaktion entspricht dem Verhalten der Schülerinnen und Schüler nach Kinobesuchen in ihrer Freizeit: Über den Film wird anschließend kaum gesprochen, vielmehr heißt es: „Und was machen wir jetzt, wo gehen wir nun hin?“ Nahezu alle elaborierten didaktischen Überlegungen zum Filmeinsatz in der Schule sowie die publizierten Unterrichtsmodelle zu Filmen (s. Literatur) stellen sich diesem elementaren Problem nur am Rande. Kurz: Filme werden im Schulalltag in der Regel so gut wie kaum ernsthaft genutzt, sondern als fragwürdige Belohnung für Wohlverhalten oder in Dürrezeiten gebraucht, also didaktisch mehr oder minder „verschenkt“.

Das Vorführen von Spielfilmen im Unterricht – zudem noch am Vormittag! – ist von diesen Widernissen geprägt und dementsprechend getrübt. Zwei (hilflose) Schlussfolgerungen bieten sich an: Entweder zeigt man in der Schule keine Filme mehr, oder der Unterrichtsalltag mit seinen bürokratisch organisierten Rhythmen wird verändert. Der Filmeinsatz, will er mehr als nur Beschäftigungstherapie sein, bietet sich daher eher für Projekttage oder -wochen an, die größere schulische Freiräume eröffnen.

Die nachfolgenden Überlegungen stehen unter diesem skizzierten Vorbehalt: Filme sollten in der Schule nur genutzt werden, wenn die schulischen Rahmenbedingungen eine ernsthafte Aufarbeitung zulassen, sonst werden der Unterricht und der Film entwertet.

Angesichts der Tatsache, dass manche Kinofilme den Rezipienten fast vollständig „überwältigen“, also seinen emotionalen Haushalt ebenso befriedigen wie seine intellektuellen Fähigkeiten ansprechen und seine Weltdeutung prägen, ist dies äußerst bedauerlich. Denn es gibt keine Geschichtsquelle, die hinsichtlich ihrer Intensität, Suggestivkraft und Informationsfülle mit dem Film konkurrieren kann. Immerhin wird nicht nur eine Flut von (eventuell dokumentarischen) Bildern gezeigt, hinzu kommen noch filmspezifische Elemente oder Zeichenebenen: der Ton und die Musik. Stärker als alle anderen Unterrichtsmedien ermöglicht der Film, konkrete Situationen und Verhältnisse zu illustrieren, ja dem Zuschauer das Gefühl zu vermitteln, er sei unmittelbar Augen- und Ohrenzeuge eines dramatischen Geschehens an exponierten Orten, die den meisten Zeitgenossen versperrt oder nicht zugänglich waren. Der Filmbetrachter kann sich in der Illusion wiegen, viel mehr als die Zeitgenossen über ein historisches Geschehen zu erfahren, über es urteilen zu können, und das alles ganz dicht, gewissermaßen von einem privilegierten Logenplatz aus oder in einem Spiegelschrank, durch dessen Glas er blicken kann. Dabei spielt das jeweilige Filmgenre oder die Qualität des Films keine besondere Rolle.

Und schließlich prägt kaum ein Medium die Vorstellungen von Geschichte so nachhaltig wie das Bild und vor allem der Film, handelt es sich nun um historische Filme, also Filmdokumente (etwa Wochenschauen oder Filme aus den 1920er oder 1940er Jahren) oder Spielfilme mit historischen Themen. Der bekannte Geschichtsdidaktiker Bodo von Borries behauptet, dass das Fernsehen historisches und politisches Interesse, Wissen, Verständnis und Bewusstsein mehr beeinflusse als die Schule und erst recht mehr als der Geschichts- und Politikunterricht. Wenn diese Vermutung stimmt, und vieles spricht dafür, fordert sie geradezu, dass Filme im Unterricht nicht einfach nur gezeigt, sondern auch ausführlich untersucht werden sollten.

Geschichtsfilme als Teil der Geschichtskultur

In der Sekundarstufe II sollten Filme nicht nur als vielseitiges Informationsmedium, als Geschichtsquelle genutzt, sondern als zentraler Bereich der öffentlichen Geschichtskultur begriffen und analysiert werden. Denn in Filmen wird in vielfältiger Weise mit Geschichte gespielt. Geschichte dient als Folie, als Kontrast einer als defizitär wahrgenommenen Gegenwart, Filme deuten Vergangenheit und Zukunft, benutzen die Geschichte als Illustrationsmaterial, als Fundus für soziale und politische Argumente. Hierzu einige Anregungen und Materialien:

Spielfilme zu historischen Themen (Kolberg, die Sissi-Filme, Ben Hur usw.) reflektieren stets auch den Geist ihrer Entstehungszeit. Insofern sind sie zugleich filmische Darstellung historischer Ereignisse, mehr aber noch filmische Quelle. Mit anderen Worten: Spielfilme über das 19. Jahrhundert, die in den 1950er Jahren gedreht wurden, verraten viel mehr über die mentalen und ideologischen Bedürfnisse der 1950er Jahre als über das 19. Jahrhundert. Die italienischen Filme aus den 1920er oder 1930er Jahren, die sich mit dem Imperium Romanum befassen, enthüllen eher den Eroberungsdrang des faschistischen Italien, die filmische Darstellung der antiken Kriegszüge dienen als historisches Anschauungsmaterial für die richtige Gesinnung. Das gilt vice versa natürlich auch für die Bismarck- oder Fridericus-Rex-Filme der NS-Zeit.

Wer also beispielsweise einen Film aus den 1950ern zu einem beliebigen historischen Thema einsetzt, sollte den Film auch danach befragen, welche Vorstellungen von Politik, Weltsicht, welche Mythen, Normen und Werte in diesem Film vermittelt werden.

Film als Bestandteil des politischen Imaginären

Filme sind einer der wichtigsten Bestandteile des politischen Imaginären, in ihnen werden wirkungsmächtige Bildwelten formuliert, die den öffentlichen Raum und somit die Wahrnehmungswelt der Bürger nachhaltig prä-

gen. Filme sind auf mehreren Zeichenebenen – visuell, sprachlich, akustisch-musikalisch – an der Konstruktion politisch-kultureller Normalität beteiligt und stellen somit einen erheblichen Faktor unser aller Habitualisierung in der massenmedialen Öffentlichkeit dar. Filme definieren – oft auch ex negativo – mit, was „man" öffentlich tun und sagen darf, sie definieren den Bereich des „politisch Korrekten" und grenzen ihn ab von denjenigen Sprech- und Handlungsweisen, die illegitim und daher mit negativen Sanktionen zu belegen sind. Die Grenzziehungen zwischen legitim und illegitim wiederum sind ständige Objekte gesellschaftlicher Machtkämpfe.
Der besondere Stellenwert des Films im Vergleich zu anderen Medien zeigt sich darin, daß Filme als erzählende Kommunikationsgattung in ästhetisch verdichteter Form ganze politische Ontologien zu inszenieren vermögen. Sie zeigen exemplarisch, wie die politische Welt funktioniert, wer dort wie erfolgreich handeln kann. Filme führen uns vor, was wir politisch erwarten können, was sein kann und was sein soll. Sie inszenieren Werte und Normen, vor allem aber sinnstiftende Mythen, die uns die Orientierung in einer zunehmend unüberschaubaren Alltagswelt erleichtern.
Filme stellen eine wichtige Vergemeinschaftsagentur moderner Gesellschaften dar, insofern sie gemeinsame Deutungsmuster, Werte und Normalitätsvorstellungen anschaulich vor Augen führen. Es kann dabei differenziert werden zwischen „blockbuster"-Filmen, die übergreifend ein großes Publikum ansprechen, und Filmen für den ausdifferenzierten Geschmack wie beispielsweise Experimentalfilme. (…)
Das Wirkungspotential von Filmen ist deshalb groß, weil die Rezipienten sie nicht als politische Bildungs- und Indoktrinationsmittel wahrnehmen. Statt dessen werden die inszenierten Deutungsmuster gleichsam en passant und unbewußt als Teil der Unterhaltungskultur aufgenommen und als Element kommunikativer Normalität internalisiert. Nicht Belehrung, sondern Verführung ist der entscheidende Wirkmodus der Filmwelten.
(Dörner, Andreas, Politische Bildwelten: Filmanalyse als Instrument der Politischen Kulturforschung, in: SOWI 26 [1997], S. 248-254, hier S. 249 f.)

Zahlreiche Filme zu historischen Themen enthalten eine versteckte oder offene Botschaft für die Gegenwart. Man denke beispielsweise an den 1943/44 im Auftrag von Goebbels gedrehten Film „Kolberg", der den verzweifelten, aber letztlich „erfolgreichen" Widerstand des preußischen Städtchens Kolberg gegen eine übermächtige Armee Napoleons darstellt. Dem Regisseur Veit Harlan standen schier unbegrenzte Mittel zur Verfügung, Bei den Massenszenen waren mehr Komparsen beteiligt als bei den historischen Kämpfen 1806/7. – Lohnend ist die

Analyse, auf welche Weise die Indienstnahme des Films für politische Ziele, für die NS-Durchhaltepolitik, geschieht. Bei dem eindrucksvollen Spielfilm „Kolberg“ ist diese politische Instrumentalisierung mit den Händen zu greifen. Sie erfolgt in recht überzeugender, sympathischer und anrührender Weise. Die Helden sind die aufrechten, gerade denkenden und „natürlich“ handelnden Bürger Kolbergs, die ihre Heimat und ihre Ehre retten wollen. Allerdings: Manchen Personen wurden unauffällig fast wörtliche Zitate von Goebbels und Hitler in den Mund gelegt. Ihre Gegner sind die kapitulationsbereiten bürokratischen Bedenkenträger der preußischen Armee.

Wer käme auf den Gedanken, in dem lustigen Klamaukfilm „Die Feuerzangenbowle“ nach verdeckter NS-Propaganda zu suchen? Für leistungsfähige Kurse eine lohnende Herausforderung! Auch scheinbar völlig „unpolitische“ Spielfilme tragen oft die Zeichen ihrer Entstehungszeit und sind somit wichtige Segmente der Geschichtskultur. Zwei Beispiele:

Ein eigenes Film-Genre mit über 20 Verfilmungen schuf allein der Robin-Hood-Mythos (vgl. auch Kapitel 3). Der Politologe Wilhelm Hofmann identifiziert in der 1938 abgeschlossenen Robin-Hood-Verfilmung (Regie: Michael Curtiz, die Hauptrolle spielte Errol Flynn) die politische Programmatik der zweiten Stufe von Franklin D. Roosevelts New Deal:

Die Auseinandersetzung um den sogenannte Second New Deal hatte im unmittelbaren Vorfeld der Filmproduktion ihren Höhepunkt erreicht. Die Administration betonte in ihrem zweiten Reformanlauf im Unterschied zum ersten New Deal von 1933/34, der stärker auf korporative Zusammenarbeit von Regierung, Arbeitnehmern und Kapital ausgerichtet gewesen war, die Notwendigkeit sozialer Reformen, einer Anti-Trust-Politik und einer Keynesianischen Finanzpolitik. Ausgerichtet auf Mittelstandsbedürfnisse und mit einer Orientierung auf eine Stärkung der Konkurrenzmechanismen des Marktes führten die mit dem Second New Deal verbundenen Maßnahmen zu noch größeren Widerständen der Finanzwelt und konservativer Demokraten als die früheren Versuche, der Depression Herr zu werden. (…)
Hält man die Topoi dieser Rhetorik [Roosevelts] neben den Film „The Adventures of Robin Hood“, so bedarf es nicht einmal mehr der Zusatzinformation, dass die Warner Brothers bereits ab 1932 ihre Unterstützung für die Republikaner eingestellt hatten und zu den Unterstützern Roosevelts gehörten, damit die Bezüge deutlich werden. Ein Durchgang durch einige Schlüsselsequenzen zeigt, dass der Film keine Gelegenheit auslässt, Codie-

rungen im Sinne von Roosevelts sozialreformatorischer Rhetorik aufzubauen. Die einfachen Menschen dieses Films sind rückhaltlos ehrlich und gut. Sie sind außerdem prinzipiell Opfer, die zur Gegenwehr der Führerschaft durch eine herausragende Persönlichkeit bedürfen. (...) Ganz eindeutig ist die Jagd nach Geld im Film moralisch diskreditiert. Gleichwohl, und das macht die Robin Hood Legende zum idealen Stoff für die New Deal Propaganda, bleibt letztlich alles in den alten Bahnen. Der Film mündet in der Restitution der guten alten Ordnung, die weder Unterdrückung noch Ausbeutung kennt. Dies ist möglich, weil sich um den „Outlaw" Robin Hood eine den tradierten Werten konforme Alternativgemeinschaft bilden kann. Nicht die Institutionen müssen verändert werden, es müssen nur die richtigen Personen „wiederkehren" oder aber diejenigen, die in ihrem Rahmen agieren, müssen sich als lernfähig erweisen.
(Hofmann, Wilhelm, Robin Hood: Die mediale Konstruktion von Freiheit, Gemeinwohl und Individualität, in: SOWI 26 [1997], S. 260-266, hier S. 263 f.)

Die Sissi-Filme (1955 ff.): Geschichte als Bilder- und Mythenfundus
Die Wirklichkeit des Films ist das Defizit in der Wirklichkeit; er ist nicht ihre Abbildung, sondern ihre Heilung. Nicht die Geschichte also ist das Thema des Filmes, sondern der ungelöste Widerspruch, als Tagtraum in einer mythischen Konstruktion. (...) Der erste der insgesamt drei Sissi-Filme entstand im Jahr 1955, dem Jahr, in dem in Österreich der Staatsvertrag unterzeichnet wurde, und ein souveräner und neutraler Staat entstand, der keinem Militärbündnis angehören darf. Damit war in Österreich unter dem Verzicht auf einstige Größe eine nationale Autarkie erhalten, die es umso mehr gestattete, zumindest im Mythos an die einstige Tradition anzuknüpfen, als man das gemeinsame Stück Geschichte mit dem faschistischen Deutschland als Besatzung interpretierte. Genau umgekehrt verhielt es sich in der benachbarten Bundesrepublik, die sich von territorialen Ansprüchen nicht trennte, ihre nationale Autarkie aber preisgeben musste. Während am Ende des Jahres 1955 die letzten Besatzungssoldaten Österreich verlassen hatten, politisierte man in der Bundesrepublik den historischen Bruch zum Wiedervereinigungsgebot. Diese Filme beschrieben die letzte Pracht- und Machtentfaltung der Monarchie nicht in der Form eines Traumes von Großmacht und militärischer Macht, sondern als endlosen Traum eines Familienromans am Hof (...) Ihren Gewinn machten die Habsburgerfilme trotz immenser Popularität nicht in Österreich allein, sondern vor allem in der Bundesrepublik. Sie wirkten bis zu einem gewissen Grad als eine transkulturelle Botschaft, als ein Trost-Angebot für das deutsche Publikum, das sich eine ähnlich gelagerte mythische Erinnerung an eine „gute alte Zeit" im Zusammenspiel von Macht und

Melodram nicht gestatten konnte. (...) Was der Film also zu schaffen hatte, war eine entmilitarisierte, entpolitisierte Version dynastischer Gründungsmythen, gleichsam die Pop-Version eines National-Epos, das mit einigen wenigen Figuren als Väter und Mütter Österreichs auskam. Aber dieses synthetische National-Epos war, ornamentalisiert und abstrahiert, als Modell für die Produktion einer Traum-Vergangenheit und zugleich als Modell familiärer und erotischer Beziehungen, durchaus exportierbar. (...) Das „Habsburgische" wurde in diesen fünfziger Jahren zu einem österreichischen Exportgut, in Filmen, Romanen, Reliquien und nicht zuletzt als mythisches Beiwerk für den allmählich expandierenden Tourismus. In Österreich, sagen alle diese Exportwaren, ist ein Weg gefunden, die Wirklichkeit abzuschaffen und in einem Traum zu leben. Dabei wird Österreich auch zu einem Projektionsraum für deutsche Neurosen; die rapide Umgestaltung in ein demokratisches, wiederbewaffnetes, in „freier Marktwirtschaft" boomendes und korrumpiertes Land benutzt die Vorstellung „Österreich" gleichsam als Reservoir für Bilder positiver Vergangenheit und Kontinuität. *(Seeßlen, Georg, Sissi – Ein deutsches Orgasmustrauma, in: Marsiske, Hans-Arthur [Hg.], Zeitmaschine Kino. Darstellungen von Geschichte im Film, Marburg 1992, S. 64-79, hier S. 65, 67f.)*

Kleiner Überblick über lohnende Spielfilme

Vorbemerkung: Die in den Katalogen der Landesbildstellen verzeichneten Filme werden hier nicht aufgenommen, ebenso in der Regel keine Literaturverfilmungen. Die Zeitschriftenabkürzungen bedeuten, dass sich dort Unterrichtsanregungen finden.

Das Kabinett des Dr. Caligari (1920) GL 42
Der Golem (1920)
Stadt ohne Juden (1920)
Panzerkreuzer Potemkin (1925) GL 42, GWU 5/93
Metropolis (1926)
Mutter Krausens Fahrt ins Glück (1929)
Im Westen nichts Neues (1929) PG 6/92
Dreyfuss (1930)
Der blaue Engel (1930)
M – Eine Stadt sucht einen Mörder (1931) GL 42
Frankenstein (1931)
Berlin – Alexanderplatz (1931)
Der Kongreß tanzt (1931)
Kuhle Wampe oder wem gehört die Welt (1932)
Hitlerjunge Quex (1933)
The Adventures of Robin Hood (1938)
Vom Winde verweht (1939)
Der große Diktator (1940)
Früchte des Zorns (1940)
Jud Süss (1940)
Bismarck (1940)
Casablanca (1942)
Münchhausen (1942)
Der große König (1942) PG 6/92
Kolberg (1944)
Die Mörder sind unter uns (1946)
Der Dritte Mann (1949) GL 42
Der Untertan (1951) PG 6/92

Grün ist die Heide (1951) GWU 10/96
High Noon (1952) (Schlüsselfilm zum Korea-Krieg)
Apache (1954)
Der Förster vom Silberwald (1955) GWU 5/93
Aufstand der Tiere (1955)
Waldwinter (1956) GWU 5/93
1984 (1956/1985)
Die Brücke am Kwai (1957)
Wir Wunderkinder (1958) GWU 10/96
Die Brücke (1959)
Rosen für den Staatsanwalt (1959)
Ben Hur (1959)
Mein Kampf (1961)
Der Prozeß der Jeanne d'Arc (1961)
Bonnie and Clyde (1967) (Weltwirtschaftskrise)
Zur Sache Schätzchen (1967)
Der diskrete Charme der Bourgeoisie (1972)
Angst essen Seele auf (1973) (Ausländerproblematik in Deutschland)
Chinatown (1974)
Die verlorene Ehre der Katharina Blum (1975)
Taxi Driver (1976) (Vietnam-Trauma)
Der Holzschuhbaum (1977) (Darstellung feudaler Verhältnisse in Italien vor der Jahrhundertwende)
Hitler, ein Film aus Deutschland (1977)
Hitler, eine Karriere (1978)
Die Blechtrommel (1978)
Die Ehe der Maria Braun (1978) GL 42
Lola (1981) GWU 10/96
Das Boot (1981)
Europa unterm Hakenkreuz (1983)
Amadeus (1983)
Shoah (1985)
Out of Africa (1985)
Rambo (1985) (Vietnam-Trauma)
Komm und sieh (1985) (Aus der Perspektive eines 12jährigen russischen Bauernjungen wird der brutale deutsche Angriff und der russische Partisanenwiderstand dargestellt.)
Der Name der Rose (1986)
Hitlerjunge Salomon (1991)
Kaspar Hauser (1992)
Beruf Neonazi (1993)
Schindlers Liste (1993) GL 42
Forrest Gump (1994)
Hitler – eine Bilanz (1995)
Die Hoffnung stirbt zuletzt (1995)
Hitlers Helfer (1995 ff.) GWU 4/99

Literatur

Zahlreiche Unterrichtsmodelle präsentieren die Hefte zum Thema „Film" von „Geschichte lernen" 42 (1994) und „Praxis Geschichte" 6 (1992). Das Heft 4/97 der „Sozialwissenschaftlichen Informationen" (SOWI) hat das Verhältnis von Film und Wirklichkeit zum Thema. Auch „Geschichte in Wissenschaft und Unterricht" (GWU) hat sich wiederholt mit dem Film als Geschichtsquelle befasst: Heft 5/93 mit dem Heimatfilm als historische Quelle und dem Verbot des Remarque-Films „Im Westen nichts Neues", Heft 3/94 enthält einen Beitrag zu Wochenschauen, Heft 10/96 Aufsätze zum Kriegsfilm vom Zweiten Weltkrieg bis Vietnam und zu Filmen über die Gründerzeit der Bundesrepublik, Heft 4/99 einen Beitrag zur Problematik von Geschichtsvermittlung mit historischen Filmdokumentationen.
Gute, sozialgeschichtlich orientierte Filmanalysen zu exemplarischen Filmen präsentiert die von Werner Faulstich und Helmut Korte herausgegebene und chronologisch angelegte „Fischer Filmgeschichte" (bislang 5 Bde.), Fischer Taschenbuch Verlag, Frankfurt 1991 ff.

4.7 Plakate im Geschichtsunterricht – ein Beispiel für Abiturthemen

Plakate sind Massenkommunikationsmittel mit großer Reichweite. Sie können viele Funktionen haben: Wandschmuck, Werbung, Propaganda. Sie sind in der Regel nicht nur ein Medium der Informationsvermittlung, sondern ein Instrument, das andere von einem Konsumprodukt oder einer bestimmten (politischen) Verhaltensweise überzeugen will. Das Plakat kennzeichnet eine klare grafische Gestaltung, die mit einer knappen, parolenmäßigen, pointierten Mitteilung verknüpft wird. In Plakaten manifestiert sich die politische Kultur einer Gesellschaft, eines Landes in einer bestimmten historischen Situation.

Der Einsatz und die Analyse etwa von politischen Plakaten im Geschichtsunterricht bedarf daher keiner eingehenden Begründung, allerdings sollten im Oberstufenunterricht die erwähnten spezifischen Besonderheiten und die besondere Qualität dieser Quelle reflektiert werden. In Plakaten werden politische Aussagen stark symbolisch verdichtet, überspitzt oder pointiert. Plakate argumentieren nicht, sondern sprechen den Rezipienten vorrangig emotional an.

Die einzelnen grafischen Elemente sollten sehr genau analysiert werden, ebenfalls die Farbgebung, das Verhältnis von Text/Schlagzeile/Parole und Grafik. Ferner sollte dabei berücksichtigt werden, welche besonderen sozialen und politischen Erfahrungen, Ängste und Hoffnungen der Künstler beim Betrachter voraussetzt, welche er evozieren möchte. Und schließlich vermitteln politische Plakate politische Deutungen der Vergangenheit und Zukunft, mobilisieren vielleicht Zukunftsängste und entwickeln Utopien, die in elementare Zeichen, Symbole und Parolen transformiert werden. Die Probleme einer eingehenden Beschreibung und Analyse von politischen Plakaten, die gerade wegen ihrer „einfachen" Bild- und Textgestaltung sehr komplexe Gebilde darstellen, sollte daher keinesfalls unterschätzt werden.

Die Auseinandersetzung mit historischen Plakaten kann daher die bitter nötige Medienkompetenz und über das Verbalisieren spracharmer Medien die Sprachkompetenz fördern.

Ein Beispiel für ein Abiturthema

Die folgende Aufgabe – der Fachlehrer reicht in Hessen zwei Themen ein – wurde als Abiturthema für meinen Leistungskurs Geschichte ausgewählt. – Ausführliche Aufgabenstellung:

a) Materialvorgabe: siehe Anlage 1c)

Fundstelle der Plakate: Deutschland im Kalten Krieg 1945-1963. Eine Ausstellung des Historischen Museums 28.8. bis 24. 11. 1992 im Zeughaus Berlin, Argon Verlag Berlin 1992, S. 31, 52, und 171.

b) Arbeitsanweisungen

1. Beschreiben Sie eingehend die Bildsprache der Plakate.
2. Bestimmen Sie die politisch-ideologische Aussageabsicht der Plakate und ordnen Sie diese Botschaften in den historischen Kontext der frühen 50er Jahre ein.
3. Diskutieren Sie: Antikommunismus – Ausdruck historischer und lebensgeschichtlicher Erfahrungen der Menschen oder politische Integrationsideologie der jungen Bundesrepublik Deutschland?

Anlage

Beschreibung der erwarteten Schülerleistung gem. Abschnitt I.2.3. und II der Verordnung über die fachspezifischen Prüfungsanforderungen in der Abiturprüfung vom 27.4.82 bzw. 13.7.89.

Der prüfungsdidaktische Schwerpunkt der Aufgabenstellung ist einerseits dem Kurs „Deutschland während des Nationalsozialismus. Europa während des Faschismus“ (12/2) entnommen. In diesem Kurs wurden u.a. fundamentale Probleme der Nachkriegsordnung nach 1918, insbesondere der ersten deutschen Demokratie, behandelt. Der Antibolschewismus bildete bekanntlich während der Weimarer Republik, aber noch mehr in der NS-Zeit, eine folgenreiche Integrationsideologie. Die Aufgaben beziehen sich weiterhin auf den Kurs 13/1 „Konflikt und Kooperation in der Welt nach 1945“. Thematisiert wurden hier u.a. der Kalte Krieg, Probleme der Nachkriegsordnung, das „Wirtschaftswunder“, die Frage der Restauration und der Westintegration.

Angesichts der großen Bedeutung, die das Medium Plakat für die Ausbildung von (unreflektierten) Geschichtsbildern einnehmen und mit Blick auf die Bedeutung, die die Analyse derartiger Medien (Lernziel: „Methodenkompetenz“) für die Profilierung eines reflektierten Geschichtsbewusstseins (das ist das zentrale Ziel des Geschichtsunterrichts vor allem in der Sekundarstufe II) beanspruchen dürfen, wurden im Unterricht politische Plakate, Karikaturen und dergleichen mehr wiederholt herangezogen und eingehend analysiert.

Beschreibung der erwarteten Schülerleistung

- **ad 1:** Hier wird eine genaue Analyse der Bildsprache erwartet. Das erste Plakat spricht die alltagsweltliche Erfahrung der zahlreichen, zumeist traumatisch erlebten unmittelbaren Gewalthandlungen von Soldaten der Roten Armee an; das zweite insinuiert eine Bedrohungsgefahr durch die Rote Armee über die Zonengrenze hinaus: Panzer bedrohen angeblich das Ruhrgebiet, das industrielle Herzstück Westdeutschlands (Kohle – unmittelbar wichtig für die Bewältigung von Alltagsnöten und für die Industriegesellschaft!); das dritte Plakat, ein Wahlplakat der FDP, behauptet, dass die Politik der SPD (Ollenhauer) den tödlichen imperialistischen Zielsetzungen des Ostens in die Hände arbeitet.
- **ad 2:** Daraus lassen sich unmittelbar die politisch-ideologischen Intentionen der Plakte ableiten: Der „rote Osten“ bedroht die freie westliche Ordnung, die demokratische Zivilisation und die freie Marktwirtschaft der jungen Bundesrepublik. Die SPD wird (in polemisch denunziatorischer Absicht) in eine Nachbarschaft zur diktatorischen Ordnung der Sowjetunion gesetzt, sie arbeite naiv in die Hände der UdSSR, entspreche den brutalen politischen Intentionen der Politik Stalins.

  Die Plakate entsprechen dem „Geist“ der 40er und 50er Jahre, sie reflektieren zentrale Argumentationsmuster in der damaligen politischen Auseinandersetzung um politische und ökonomische Grundentscheidungen. Dabei spielten einerseits konkrete Erfahrungen mit der Weimarer Republik und der NS-Zeit eine zentrale Rolle, andererseits historisch verankerte Feindbilder, denn das in der Weimarer Republik und vor allem in der NS-Zeit propagierte Feindbild „Kommunismus“ blieb nach 1945 lebendig und wurde durch derartige Medien erfolgreich am Leben gehalten. Dabei wird verschwiegen, dass gerade die Sowjetunion unter der Kriegs- und systematischen Vernichtungspolitik der Nationalsozialisten besonders schwer zu leiden hatte; die unterschwellig virulenten Schuldgefühle konnten mit Hilfe dieser Feindbilder relativiert und die Angst vor Racheaktionen von Soldaten der Sowjetunion durch die Aktualisierung von alten und traditionellen Feindbildern („rückständige Untermenschen“) revitalisiert werden.

- **ad 3:** Eine einigermaßen differenzierte Auseinandersetzung mit den politisch-ideologischen Aspekten und Dimensionen sowie mit den lebensgeschichtlichen Erfahrungen der eigenen Vorfahren mit dem Kampf gegen den Kommunismus ist eine überaus anspruchsvolle Aufgabe, die dann als gut gelöst betrachtet werden darf, wenn zumindest folgende Aspekte zur Sprache kommen und abgewogen werden: In den Antikommunismus des 20. Jahrhunderts gehen bereits ältere Ressentiments und Vorurteile gegenüber dem Russland des 19. Jahrhunderts ein. Sie werden aktualisiert durch die Kriegsniederlage 1918 und durch die Spaltung der Arbeiterbewegung. Der NS instrumentalisierte bewusst derartige Ressentiments beim Kampf gegen die Arbeiterbewegung, sie blieben auch nach 1945 virulent und erfuhren ihre lebensgeschichtliche Bestätigung durch das „barbarische“ Verhalten vieler sowjetischer Soldaten (u.a. Massenvergewaltigungen) und durch die brutale Besatzungspolitik im Osten, ferner durch die Politik der UdSSR. Umgekehrt wurde das alte Feindbild sowohl von den Amerikanern, aber auch durch die CDU, die FDP und andere kleinere Parteien zum innenpolitischen Kampf gegen die SPD und KPD instrumentalisiert. Die antikommunistische Motivierung und Zielsetzung der Politik der jungen Bundesrepublik diente damit einerseits der Schaffung einer Integrationsideologie sowie der politisch umstrittenen Westintegration, und andererseits der Relativierung der unvorstellbaren Greuel, die die Wehrmacht vor allem in der Sowjetunion zu verantworten hatte, ein wichtiges Motiv bei der Reaktivierung von ehemaligen Wehrmachtsoffizieren bei der geplanten Remilitarisierung der Bundesrepublik.

Tabellarische Übersicht			
Arbeits-anweisung	Erwartete Schülerleistung	Anforderungs-bereich	Gewichtung
1	Eingehende Bildbeschreibung	I/II	20%
2	Bildanalyse und historische Einordnung	II	40%
3	Problemorientierte Darstellung	II/III	40%

Eine Arbeit ist mit *ausreichend (5 Punkte)* zu bewerten, wenn bei Frage 1 wesentliche Elemente und Symbole erfasst werden; bei Frage 2 muss deutlich die allgemeine politisch-ideologische Stoßrichtung und der historische Kontext zumindest in Grundzügen erfasst werden: Inszenierung eines sowjetischen Bedrohungsszenarios im Kontext der Westintegration, Aktualisierung der historischen Erinnerung an den sowjetischen Angriff auf Ostdeutschland; Denunziation einer angeblich naiven SPD-Politik, die den sowjetischen Interessen dient; bei Frage 3 wird mindestens erwartet, dass die traumatischen lebensgeschichtlichen Erinnerungen angesichts des sowjetischen Vormarsches in einen Bezug zu zeitgenössischen politischen Zielen und sozialen Interessen in der jungen Bundesrepublik gesetzt werden. – Die Bewertung der Teilaufgaben erfolgt nach der Gewichtung (100% = 100 Punkte, umgerechnet auf 15 Punkte).[36]

36 Wie die Gesamtpunktzahl ermittelt wird, soll das Rechenbeispiel erläutern: Ein Schüler erreicht bei der 1. Aufgabe 9 Punkte, bei der 2. Aufgabe 6 Punkte und bei der letzten 9 Punkte. Es werden die erreichten Punktzahlen mit der jeweiligen Prozentzahl multipliziert, dann werden die jeweiligen Produktergebnisse addiert und die Summe durch 100 dividiert. Also:
20 x 9 = 180; 40 x 6 = 240; 40 x 9 = 360. Σ: 780 : 100 = 7,8 Punkte. Der Schüler erhält somit 8 Punkte.

Plakat 1

Abb. 17: „Moskau will das Ruhrgebiet für die sowjetische Rüstung“. Plakat um 1952 (*Quelle:* Deutschland im Kalten Krieg 1945-1963. Eine Ausstellung des Deutschen Historischen Museums 28. August bis 28. November 1992 im Zeughaus Berlin, Berlin 1992, S. 31, Kat. 1/4)

Plakat 2

Abb. 18: „... Ohne mich – Frau, komm ...“ Plakat des VFF, 1952
(*Quelle:* Deutschland im Kalten Krieg 1945-1963. Eine Ausstellung des Deutschen Historischen Museums 28. August bis 28. November 1992 im Zeughaus Berlin, Berlin 1992, S. 52, Kat. 4/32)

Plakat 3

Abb. 19: „Wo Ollenhauer pflügt, sät Moskau! – darum wählt FDP". Plakat der FDP zur Bundestagswahl 1953 (*Quelle:* Deutschland im Kalten Krieg 1945-1963. Eine Ausstellung des Deutschen Historischen Museums 28. August bis 28. November 1992 im Zeughaus Berlin, Berlin 1992, S. 171, Kat. 6/10)

Literatur

Anschläge. Politische Plakate in Deutschland 1900-1980, hg. u. komm. v. Arnold, Friedrich, München 1985 (auch als Lizenzausgabe für die Büchergilde Gutenberg)

Deutsches Plakatmuseum, Das politische Plakat der Welt. Ausstellung Essen 1973

Deutschland im Kalten Krieg 1945-1963. Eine Ausstellung des Historischen Museums 28.8. bis 24.11.1992 im Zeughaus Berlin, Berlin 1992

Diederich, Reiner, u.a.: Die rote Gefahr. Antisozialistische Bildagitation 1918-1976, Berlin 1976

Paul, Gerhard, Aufstand der Bilder. Die NS-Propaganda vor 1933, Bonn 1990

Schneider, Gerhard, Das Plakat, in: Pandel, Hans-Jürgen; Schneider, Gerhard (Hg.), Handbuch Medien im Geschichtsunterricht, Schwalbach/Ts. 1999, S. 277-338

Siegfried, Detlef, Stalin und Elvis. Antikommunismus zwischen Erfahrung, Ideologie und Eigensinn, in: SOWI 28 (1999), S. 27-35

Zeller, Ursula, Die Frühzeit des politischen Bildplakats in Deutschland (1848-1918), Stuttgart 1988

5. Pretiosen zwischen Müllbergen: Suchen und Recherchieren im Internet

Nicht selten wird von Kolleginnen und Kollegen die Teilnahme an Lehrerfortbildungsmaßnahmen, die die Einführung ins Internet zum Thema haben, mit dem Anliegen motiviert, „wir müssen doch wissen, ob die Schülerinnen und Schüler ihr Referat oder ihre Facharbeit aus dem Internet abgekupfert haben. Wir müssen auch diese Technik beherrschen, um nicht Opfer der Täuschungsversuche unserer Schülerinnen und Schüler zu werden." Dies scheint indes eine wenig überzeugende und auch wenig sinnvolle Motivation zu sein, sich mit dem „Netz" auseinanderzusetzen, denn dieser sicherlich nicht unbegründeten Sorge kann man sich leichter entledigen: Man könnte die Entstehung des Referats bzw. der Facharbeit ein wenig begleiten und sich mit den Schülerinnen und Schülern gelegentlich konkret über den Stand der Arbeit verständigen. Dann wird man eher von den befürchteten Überraschungen verschont und kann sich einigermaßen sicher sein, dass die Facharbeit von den Schülerinnen und Schülern tatsächlich selbst entwickelt wurde …

Die Auseinandersetzung mit dem Internet kann sinnvoller mit dem riesigen Angebot begründet werden, das es mittlerweile auch für den Geschichtsunterricht bietet. Die Möglichkeiten, die das Internet offeriert, sind immens. Der Frust, den es andererseits selbst dem erfahrenen Nutzer zumutet, ist allerdings nicht minder groß. Wer bereits einige Internet-Erfahrungen hat, kann folgende Chancen und Probleme bei der Arbeit mit dem Internet konstatieren:

1. Mangel an Beständigkeit: Viele Internet-Adressen ändern sich sehr schnell, manche gedruckte Adressen sind bereits bei ihrer Publikation veraltet, viele veröffentlichte Daten werden oft nicht gepflegt, also aktualisiert. Im Internet findet sich eine unübersehbare Fülle von veraltetem Datenmüll, von Projektfriedhöfen, von völlig überflüssigen Informationen, die allenfalls die individuelle Eitelkeit des jeweiligen Autors befriedigen. Und nicht selten bringt das Netz nach der Eingabe einer Adresse auch eine Fehlermeldung. Das muss aber nicht unbedingt bedeuten, dass man eine falsche Adresse eingegeben hat, sondern dass sich irgendetwas bei der Anwahl „verhakelt" hat.
2. Keine Trennung der Spreu vom Weizen: Im Internet finden sich, da dort jeder seine Bilder und Texte abladen kann, ungeheuer viele Informationen, über deren Wert man trefflich streiten kann. Man

kann daher das Netz gewissermaßen als eine riesige Mühllhalde betrachten. Es gibt keine Qualitätskontrolle wie etwa bei Aufsätzen in Fachzeitschriften, die in der Regel erst einmal eine zeitaufwendige kritische Redaktion durchlaufen müssen und dabei das Risiko eingehen, nicht als publikationswürdig eingestuft zu werden. Das Netz hingegen ist geduldig. Es publiziert eben jeden Text.

3. Furchtbar störend ist die Allgegenwart der Werbung und der cookies. Unklar ist, in wessen Hände persönliche Daten geraten können und ob mit diesen, mit Geldüberweisungen u.ä. gegebenenfalls Missbrauch getrieben werden kann. Man sollte einfach insgesamt vorsichtig sein.
4. Erstaunlich ist die Textlastigkeit des Internet, zumal es mit den Zauberformeln „Mulimedialität" und „Interaktivität" wirbt. Vor allem sollte man bei Bildern im Internet sehr skeptisch sein, denn der Erwerb von Bildrechten ist kompliziert und teuer. Im übrigen findet eine Quellenkritik beim Umgang und bei der Publikation von visuellen Quellen im Internet fast überhaupt nicht statt.
5. Daher kann die Arbeit mit dem Netz in vielen Fällen schlicht einfach nur eine Zeit- und Geldverschwendung sein.

Einige Chancen des Internet

1. Auf der anderen Seite sind die Informationsmöglichkeiten für den Historiker und auch den Geschichtslehrer schier unübersehbar. Viele professionelle Historiker nutzen das Internet nicht nur als Diskussionsmedium, sondern zur Publikation ihrer Forschungsergebnisse.
2. Ferner kann man, wenn man beispielsweise Bücher in einer größeren Bibliothek online bestellt, schlicht viel Zeit sparen. Das opac-System teilt einem auch sofort mit, ob ein Titel, den man früher nur in der Bibliothek bestellen konnte, ausgeliehen ist oder ob man ihn vorbestellen kann usw.
3. Immens sind die Möglichkeiten beim Bibliographieren. Beispielsweise kann man sich über die Frankfurter Deutsche Bibliothek in wenigen Minuten alle dort verfügbaren Buchtitel zu einem bestimmten Thema herunterladen.
4. Allerdings liegt falsch, wer denkt, dass man bei der Unterrichtsvorbereitung „Zeit" spart. Man kommt aber an sehr aktuelle Materialien, Zeitungsartikel, neuere statistische Informationen etc. heran, während unsere Schulbücher oft hoffnungslos antiquiert sind, denn viele wurden bereits zu einem Zeitpunkt verfasst, als unsere Schülerinnen noch gar nicht geboren wurden.

5. Naiv ist die Vorstellung, dass man sich einfach komplette Unterrichtsmodelle aus dem Netz (etwa aus den diversen Bildungsservern) herunterladen kann und auf diese Weise seinen Vorbereitungsaufwand erleichtert. Die Materialfülle im Internet wird gerade den gegenteiligen Effekt auslösen.

Da sich manche Internet-Adressen schnell ändern bzw. beim Zeitpunkt ihrer Publikation in traditionellen Medien bereits obsolet sind, ist jede Auswahl von Adressen problematisch. Hier einige kommentierte Adressen, bei denen dieses Risiko wahrscheinlich geringer ist.

Kommentierte Liste von Internet-Adressen

http://www.dhm.de
Deutsches Historisches Museum, Berlin – Homepage (mit Links zu anderen Museen)

http://www.dhm.de/lemo/home/html
Deutsches Historisches Museum, Berlin – Lebendiges Museum online. Deutsche Geschichte des 20. Jahrhunderts, virtuelle Ausstellung

http://zaurak.tm.informatik.uni-frankfurt.de/1848
Sammlung von Flugschriften der Revolution 1848, im Faksimile und in Übertragung

http://www.zum.de
Zentrale für Unterrichtsmedien, Sammlung von Materialien und Quellen

http://www.educat.hu-berlin.de/schulen/sartre/material/schularb/pw68er.htm:
Die 68er Bewegung

http://www.schulweb.de
Schuladressen, Links zu pädagogischen Servern, Informationen über schulische Projekte mit Materialsammlungen; Mailing-Listen

http://www.remember.org/cylinks.html
The Holocaust – A Guide for Teachers

http://iasl.uni-muenchen.de
Internationales Archiv für Sozialgeschichte der Literatur, Rezensionen literaturwissenschaftlicher Neuerscheinungen, Links zu zahlreichen Zeitungen (taz, Stuttgarter Zeitung, Neue Züricher Zeitung u.a.)

http://dbs.schule.de
Deutscher Bildungsserver: Unterrichtsmaterial, Diskussionsforen, Link-Listen, etwa zum Hessischen Bildungsserver

http://www.h-net.msu.edu
Wichtige Fundgrube für Quellen zu allen Epochen und Erdteilen, Diskussionsforum von Historikern

http://hsozkult.geschichte.hu-berlin.de/index.htm
Fundgrube für neuere Rezensionen sozialgeschichtlicher Forschungsliteratur, wissenschaftlicher Beiträge, Diskussionsforum u.a.

http://www.referate.de/links.htm
http://www.hausaufgaben.de/startseite.htm

http://Schulhilfen.com/stamm/home.htm
http://www.cheatweb.de
„Spicker"-Datenbanken für Schüler, Hausaufgaben, Referate
http://www.ddb.de
Die Deutsche Bibliothek, Frankfurt (gut geeignet für biliographische Recherchen)
http://www.gutenberg.aol.de
Literaturdatenbanken, vorwiegend deutsche Autoren, biografische Informationen, enthält auch zahlreiche Texte und Werke im Volltext (erspart das zeitaufwendige Abtippen von Auszügen aus literarischen Werken)
http://www.fh-augsburg.de/harsch/augusta.htm
biblioteca augustana, griechische und lateinische Autoren aus Antike und Mittelalter, deutsche Werke aus Mittelalter und Früher Neuzeit, biografische Informationen und Volltexte
http://www3.zeit.de/ZEIT/freizeit.html
DIE ZEIT, homepage, mit Texten aus laufenden und älteren Nummern
http://www.statistik-bund.de/d_home. Htm
Statistisches Bundesamt
http://www.uni-marburg.de/archivschule/fv8.html
Archivschule Marburg mit Links zu deutschen und internationalen Archiven
http://www.historiker.de
u.a. viele aktuelle Zeitungsartikel zu historischen Themen

Literatur

Die Literatur, die sich mit dem Nutzen des Mediums Internet für Historiker befasst, ist mittlerweile ziemlich angeschwollen, hier nur einige neuere, nützliche Titel:

Gersmann, Gudrun, Neue Medien und Geschichtswissenschaft. Ein Zwischenbericht, in: GWU 50 (1999), S. 239-249 (Die Autorin setzt sich kritisch mit der „digitalen Euphorie" auseinander, erörtert Chancen und Grenzen der Nutzung des Internet für Historiker und präsentiert zahlreiche Internet-Adressen.)

Das GWU-Heft 1/98 hat den thematischen Schwerpunkt „Computer und Internet". Hier werden u.a. – etwas optimistisch – die unterrichtlichen Möglichkeiten des Internet diskutiert.

Kaufmann, Dieter; Tiedemann, Paul, Internet für Althistoriker und Altphilologen. Eine praxisorientierte Einführung, Darmstadt 1999

Ditfurth, Christian v., Internet für Historiker, 2. Aufl., Frankfurt/M. 1998 (Einführung in die Handhabung und Möglichkeiten des Datennetzes, einigermaßen gut verständlich verfasst, thematisch geordnete Internet-Adressen)

6. Mehr Frust als Lust? Zur Problematik von Archivstudien

Während historische Forschung ohne Archivstudien schier unmöglich ist und Historiker in Archiven gern gesehen werden, werden Schüler und Lehrer in manchen Archiven immer noch ein wenig naserümpfend als nicht ernstzunehmende, lästige Zeitgenossen empfangen. Andere Archive, zumal solche, die Archivpädagogen beschäftigen, werben hingegen geradezu um den Kontakt zu Lehrern und Schulgruppen und beraten sie gerne bei ihren Recherchen.

Bedenken

Auf der anderen Seite haben viele Lehrer Berührungsängste mit dem ihnen fremden Archiv oder betonen die Zeitknappheit und die im Unterricht zu bewältigende Stofffülle. Angesichts der Stoffüberfrachtung seien zeitaufwendige Archivrecherchen mit Lerngruppen purer Luxus oder irreale Wunschträume. Allenfalls bei Facharbeiten oder größeren Referaten, die in manchen Bundesländern im Rahmen des Sekundarstufe-II-Unterrichts angefertigt werden müssen, seien Archivaufenthalte möglich. Ferner böten handschriftliche Archivdokumente eine unüberwindliche Hürde für die Schülerinnen und Schüler. Sei – wie in vielen Klein- und Mittelstädten – kein qualifiziertes Archivpersonal im örtlichen Archiv tätig, sei die Nutzbarkeit von Archiven für die Schulen gleich null.[1]

Didaktische Chancen

Demgegenüber argumentieren erfahrene Archivpädagogen, dass gerade Archive attraktive Lernorte seien, eine Fülle von Chancen bieten könnten und daher regelmäßig in den Geschichtsunterricht einbezogen werden sollten: Archivalien

- bieten die Faszination sinnlicher Erfahrung;
- ermöglichen einen authentischen Zugang zur Geschichte;

---

1 Fritz, Gerhard, Archivnutzung im Geschichtsunterricht. Möglichkeiten und Grenzen, in: GWU 48 (1997), S. 445-461, hier S. 458.

- bieten durch ihre zeitüberdauernde Gegenwärtigkeit die Zeitdimension der Geschichte;
- ergänzen den oft nur illustrierenden, manchmal verstümmelten, in jedem Fall aber eingängig-glatten und daher langweiligen Charakter der im Schulbuch aufbereiteten Quellen, die schon „geknackte Nüsse" sind;
- bieten nicht selten eine gewisse „Rätselhaftigkeit" und haben daher einen spezifischen Aufforderungscharakter, der das entdeckende und forschende Lernen fördert;
- eignen sich dann besonders für den Unterricht, wenn man historische Prozesse am lokalen oder regionalen Beispiel thematisieren will. Zahlreiche Lehrpläne ermuntern zu derartigen lokalen Fokussierungen.[2]

Dort, wo der Zugang zu Archiven schwierig ist, muss man nicht völlig auf den Reiz des Originaldokuments verzichten, denn man kann sich mit faksimilierten Dokumenten behelfen. Mittlerweile haben viele Archive derartige Quellenpublikationen gerade für den Unterricht zusammengestellt (siehe Literatur).

Unterrichtspraktische Anregungen

Vor dem Archivbesuch empfiehlt sich eine Kontaktaufnahme mit dem zuständigen Archivpädagogen oder einem Archivar. Sie werden in der Regel Auskunft darüber geben können, ob das ins Auge gefasste Projekt sinnvoll mit verfügbaren Archivalien verfolgt werden kann, oder selbst thematische Anregungen geben. Für Archivbesuche bieten sich natürlich besonders Projekttage oder -wochen an, im übrigen sollte man dafür nicht einfach nur eine Doppelstunde vorsehen, sondern einen ganzen Vor- oder Nachmittag.

Dringend gewarnt sei vor zu breit angelegten Projekten, etwa die „Geschichte des Nationalsozialismus in XY", „die Industrialisierung in XY" oder die „Entwicklung der Umweltbelastung" etc. Man sollte sich vielmehr ein sehr eng begrenztes Forschungsfeld wählen und hierzu vorher (wie ein „professionell" arbeitender Historiker) mit den Schüle-

2 Lange, Thomas, Zwischen Zimelien und Zensuren. Anmerkungen zu Gerhard Fritz „Archivnutzung im Geschichtsunterricht", in: GWU 50 (1999), S. 43-49. Im Anhang dieses Aufsatzes finden sich nicht nur Adressen zahlreicher deutscher Archive, sondern auch Hinweise auf Archivpublikationen, die für den Unterrichtsgebrauch zusammengestellt wurden.

rinnen und Schülern die verfügbare einschlägige Forschungsliteratur sichten, um überhaupt sinnvolle Fragen an die Archivalien entwickeln zu können. Am wenigsten Probleme bietet in der Regel die Arbeit mit gedruckten Dokumenten, vor allem mit der Presse.

Beispiele

- Wie dokumentierte und kommentierte die lokale Presse den Kriegsausbruch und die Kriegsbegeisterung 1914, die revolutionären Vorgänge 1918, den Versailler Vertrag, den Hitlerputsch, die „Machtergreifung" der Nationalsozialisten, den Kniefall von Willy Brandt in Warschau, den Zerfall der UdSSR, die deutsch-deutsche Einigung 1989 usw.? Die „große" Politik vollzog sich nicht nur in Berlin und in anderen Metropolen, die „Machtergreifung" und andere große Ereignisse fanden auch in der Provinz ihren individuellen Niederschlag. Anhand der örtlichen Presseberichte und Vorkommnisse kann überlegt werden, wie sich das Verhältnis von „großer" Politik und Politik in der Provinz darstellte.
- Wie und warum entwickelten sich die örtlichen Parteien in der Weimarer Republik und in der Bundesrepublik?
- Alltagsprobleme in der Nachkriegsgesellschaft nach 1918 und 1945 im Spiegel der Presse.
- Besonders aufschlussreich für eine Alltagsgeschichte sind grundsätzlich die Anzeigenseiten in der Presse. Hier bieten sich Vergleiche zwischen verschiedenen Jahrzehnten an. Wie veränderten sich schier unmerklich die materiellen Verhältnisse und die Bedürfnisse der Menschen?

Die gedruckten Quellen (Flugblätter zur Revolution 1848 oder 1918, Gerichtsurteile von Erbgesundheitsgerichten, Entnazifizierungsakten, Protokolle von Magistratssitzungen etc.) bieten natürlich zunächst die geringsten (Lese-)Schwierigkeiten. Zu ihnen können auch die zahllosen Edikte der (aufgeklärten) absolutistischen Monarchen des 18. und frühen 19. Jahrhunderts zählen, die ihre Untertanen mit Stadtreinigungsverordnungen, Trauervorschriften, Wald- und Jagdordnungen etc. überzogen und damit ihre „unmündigen" Untertanen zu fleißigen und loyalen Untertanen formen und erziehen wollten.

Ferner enthalten die meisten Archive thematisch und chronologisch geordnete Bildersammlungen, die unter den verschiedensten Fragestellungen ausgewertet oder zu Bildfolgen über die Stadtentwicklung zusammengestellt werden können. Daneben gibt es Orts- und Landkarten, die nicht nur Aufschluss über die Orts- oder Stadtentwicklung geben, sondern auch über die Infrastrukturpolitik, die Verlagerung von „schmutzigen“ und unhygienischen Gewerbegebieten oder von Friedhöfen an die Peripherie der Stadt, die Verkehrspolitik u.v.a.m. Archive sind wahre Fundgruben für einen Geschichtsunterricht, der sich den konkreten Lebensverhältnissen der Menschen in ihrer Zeit zuwendet und dabei das Wechselspiel von kommunaler und staatlicher Politik und Alltag in den Blick nehmen möchte, man denke etwa an die Berichte der Gewerbeaufsicht, der Schulverwaltungen, der Baupolizei u.ä.m.

Allerdings sollte der Lehrer, der Archivstudien anregt, darauf achten, dass der Untersuchungsgegenstand (zunächst) thematisch sehr eng begrenzt bleibt, sonst „ertrinken“ die Schülerinnen und Schüler in einer Fülle von Quellenmaterialien und Forschungsliteratur, die sie nicht bewältigen können.

Und schließlich bieten zunächst kaum lesbare handschriftliche Archivalien auch ihre spezifischen Reize, etwa die staatlichen Bescheide zu Auswanderungsgesuchen im 18. und vor allem im 19. Jahrhundert. Denn diese handschriftlichen Texte (etwa staatliche Vermerke) atmen in gewisser Weise noch unmittelbarer den „Geist“ der spätabsolutistischen Regierungspraxis im 18. und frühen 19. Jahrhundert und sie geben vielfältige Einblicke in soziale und materielle Verhältnisse etwa im ländlichen Bereich, die die Mühen der Entzifferung der gestochenen Kanzleischrift lohnen. Gelegentlich können, kopiert man derartige Texte, auch Großeltern noch helfen. Manuskripte, die ungewohnte Widerstände bieten, werden im übrigen sorgfältiger rezipiert und diskutiert als Texte, die man flüchtig überfliegen kann …

An zwei Dokumenten können die Entzifferungsprobleme von handschriftlichen Archivalien aus dem 19. und 20. Jahrhundert ermessen werden:

Auswanderungsgesuch 1817

Auszug aus einem Bericht an das Herzogliche Staatsministerium vom 20. März 1817

Das Gesuch unserer Unterthanen aus den Ämtern Marienberg, Renneroth [Rennerod] und Hachenburg um Erlaubnis zur Auswanderung nach Nordamerika betr.

Eine von den Folgen der in verschiedenen Gegenden des Herzogtums im vorigen Jahre missrathenen Erndte ist die bei unseren Unterthanen des Westerwalds namentlich der Ämter Hachenburg, Renneroth und Marienberg seit kurzem die geäußerte Vorliebe zur Auswanderung nach Amerika.

Es ist leicht zu erwägen, dass in einer Gegend, wo das rauhe Klima und ein undankbarer Boden auch selbst die fleißige Betriebsamkeit nur mit geringen Zinsen lohnt, wenig Fesselndes für den Bewohner hat. Gesellen sich nun hierzu noch Unglücksfälle, Kriegsdrangsale und Schulden, so verläßt ihn der Muth und die Hoffnung, sich je wieder aufrichten zu können, und ihr Wunsch, anderwärts ein Glück zu suchen, das ihm in seiner Heimath nur dürftig zu Theil wurde, wird natürlich in ihm rege. Dieses bewog daher auch schon, wie die älteren Akten ausweisen, von jeher die Bewohner der Ämter Marienberg und Renneroth zur Auswanderung nach Amerika – manche davon fanden auch wirklich daselbst ein glückliches Loos, welches ebenfalls zu erringen die zurückgelassenen Verwandten nun zu gleichem Entschluß bestimmt.
Schon hierin Hindernisse in den Weg zu legen, halten Wir weder in staatswirtschaftlicher Hinsicht für zweckmäßig noch in polizeilicher Hinsicht für räthlich, sondern mögte dieser Hang nach dem Beispiele anderer Staaten, namentlich von Baden, von wo noch vor kurzem eine ganze Familie durch Renneroth mit Reisegeld und Pässen versehen durchzog, und von ihrem Gouvernement selbst dazu aufgefordert worden zu sein vorgab, unserer Ansicht nach vorzüglich für die Bewohner des Westerwalds eher zu begünstigen als zu erschweren sein.
Die meisten, welche auswandern wollen, besitzen entweder gar kein oder doch nur ein geringes oft noch verschuldetes Vermögen. Vielen fehlt es auch, wie die amtlichen Berichte durchgängig ausweisen, an Fleiß und gutem Willen, durch angestrengte Kraft und Tätigkeit ihr Hauswesen wieder in die Höhe zu bringen. Der Staat verliert daher an solchen Unterthanen nicht, sondern gewinnt vielmehr durch ihre Entfernung, indem sich dadurch die Klasse der Armen und Müßiggänger mindert, der Zustand des zurückbleibenden bemittelten Bürgers aber dagegen sich durch die Akquisition jener bisher an viele Besitzer vertheilten Güter merklich hebt. Sollten aber auf über kurz oder lang einige dieser Familien wieder zurückkommen, so erwächst dadurch für den Staat keine neue Last, indem er auch schon jetzt für ihren Lebensunterhalt sorgen mußte.
(Hessisches Hauptstaatsarchiv Wiesbaden, 211/8001)

Faksimile des Auswanderungsgesuches von 1817

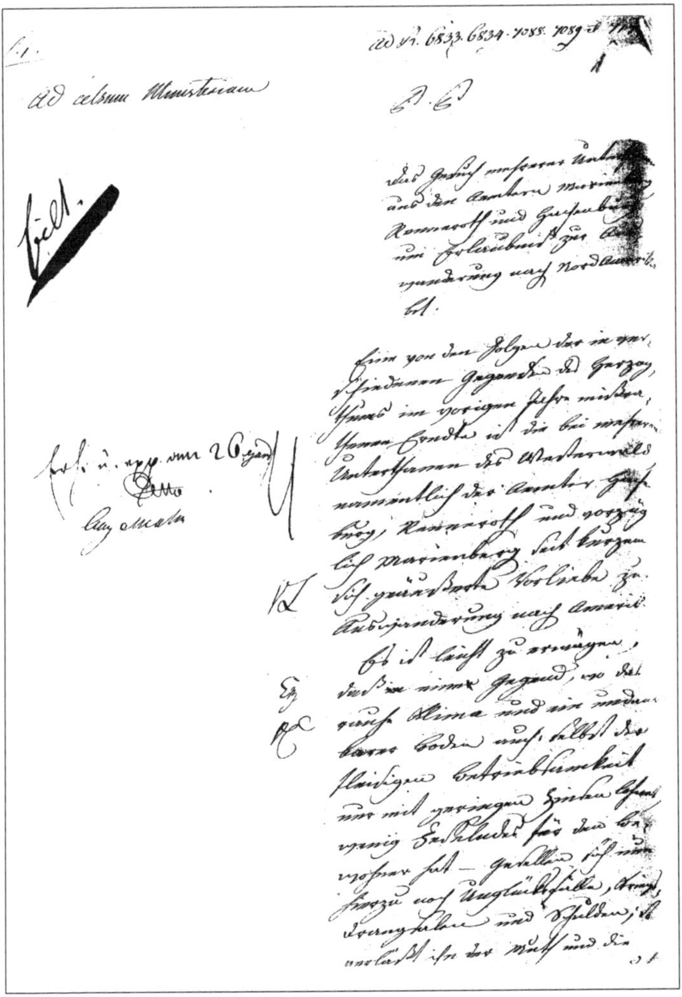

Abb. 21: Hessisches Hauptstaatsarchiv Wiesbaden, 211/8001

Faksimile des Abituraufsatzes von Leutnant M., 29.3.1916

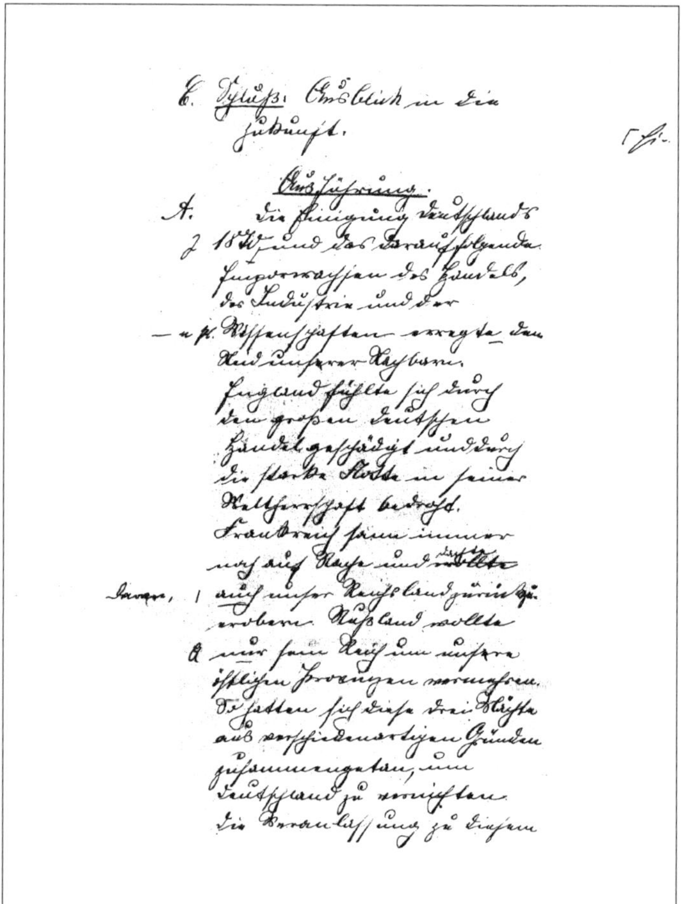
C. Schluß: Ausblick in die Zukunft.

Ausführung.

A. Die Einigung Deutschlands 1870 und das darauffolgende Emporwachsen des Handels, der Industrie und der Wissenschaften erregte den Neid unserer Nachbarn. England fühlte sich durch den großen deutschen Handel geschädigt und durch die starke Flotte in seiner Weltherrschaft bedroht. Frankreich sann immer noch auf Rache und ~~wollte~~ dachte auch unser Reichsland zurückzuerobern. Rußland wollte nur sein Reich um unsere östlichen Provinzen vermehren. So hatten sich diese drei Mächte aus verschiedenartigen Gründen zusammengetan, um Deutschland zu vernichten. Die Veranlassung zu diesem

Abb. 22 (S. 116/117): Hessisches Hauptstaatsarchiv Wiesbaden, Abt. 429/5 Nr. 359 (Transkription S. 118f.)

Weltkriege war der Mord
[Hinweis auf das Thema!] in Serajewo. [
B. I. Als nun in den ersten
[1914 Tagen des August [der Krieg
begann, wußte jeder Deutsche,
wer der Angreifer war und
wofür Deutschland zu kämpfen
habe. Die Feinde wollten
uns nicht nur besiegen,
sondern sie beabsichtigten
uns völlig zu vernichten
[und unser Land unter sich
zu teilen. Jeder Mensch im
deutschen Reich wußte, daß
ein Sieg nur durch Einigkeit
und durch die Mitarbeit
jedes einzelnen erfochten
werden konnte. Unzählige
wollten Freiwillige liefen in den
ersten Tagen zu den Fahnen,
7 um ~~sich~~ für das Wohl des Vater-
landes zu kämpfen. Jeder, der
es möglich machen konnte,
stellte sich in den Dienst der
Armee oder der freiwilligen
Krankenpflege. Die näheren

Abituraufsatz 1916: „Welche Gründe berechtigen uns, auf einen günstigen Verlauf des Kriegs zu hoffen?“

Aufsatz von Leutnant M., 29.3.1916 [Transkription; Lehrerkorrekturen und -kommentare werden in eckige Klammern gesetzt]

Gliederung:

A) Einleitung: Ursachen und Veranlassung des Weltkrieges

B) Hauptteil: Wir können auf einen günstigen Verlauf des Weltkrieges hoffen wegen:

I … unserer Überlegenheit auf geistigem Gebiet

1) Weltkrieg

2) Technik

II … unsrer Überlegenheit in militärischer Hinsicht

1) Führer

2) Manneszucht und Ausbildung

3) Tapferkeit der [Offiziere und] Soldaten

III … unsrer Überlegenheit auf wirtschaftlichem Gebiet

1) vergeblicher Versuch der Engländer, Deutschland auszuhungern [Kriegsanleihen s. die Ausführung]

C) Schluß: Ausblick in die Zukunft

A) Ausführung:

Die Einigung Deutschlands 1870 und das darauffolgende Emporwachsen des Handels, der Industrie und der Wissenschaften erregten den Neid unsrer Nachbarn. England fühlte sich durch den großen deutschen Handel geschädigt und durch die starke Flotte in seiner Weltherrschaft bedroht. Frankreich sann immer mehr auf Rache und dachte daran, unser Reichsland zurückzuerobern. Rußland wollte nur sein Reich um unsere östlichen Provinzen vermehren. So hatten sich diese drei Kräfte aus verschiedenartigen Gründen zusammengetan, um Deutschland zu vernichten. Die Veranlassung zu diesem Weltkriege war der Mord in Sarajewo. [Hinweis auf das Thema]

B) I. Als nun in den ersten Tagen des August [1914] der Krieg begann, wußte jeder Deutsche, wer der Angreifer war und wofür Deutschland zu kämpfen habe. Die Feinde wollten uns nicht nur besiegen, sondern sie beabsichtigten uns völlig zu vernichten und unser Land unter sich zu teilen. Jeder Mensch im deutschen Reich wußte, daß ein Sieg nur durch Einigkeit und durch die Mitarbeit jedes einzelnen erfochten werden konnte. Unzählige Freiwillige liefen [eilten] in den ersten Tagen zu den Fahnen, um für das Wohl des Vaterlandes zu kämpfen. Jeder, der es möglich machten konnte, stellte sich in den Dienst der Armee oder der freiwilligen Krankenpflege. Bei unseren Feinden war dies nicht der Fall. Der größte Teil der Soldaten wußte überhaupt nicht, aus welchem Grund der Krieg geführt wurde. Man kann den Krieg also ohne weiteres als einen deutschen Weltkrieg bezeichnen, der eine große Überlegenheit über unsere Feinde bedeutet.

2) Ferner hat die Technik auf den Verlauf des Krieges großen Einfluß gehabt. Schon in den ersten Tagen riefen die schweren Geschütze vor Lüttich das Staunen der ganzen Welt hervor. Noch mehr Bewunderung forderten die ersten Taten der Unterseeboote. Die große, allmächtige Flotte Albions wagte es nicht, die deutschen Kriegshäfen anzugreifen, dagegen schlichen sich kleine deutsche Schiffe in die englischen Gewässer und bohrten große Kreuzer in den Grund. Den Engländern ist es bisher noch nicht gelungen, einen Erfolg im Unterseebootkrieg zu erlangen, keiner unserer Feinde kann eine so tüchtige Artillerie aufweisen wie wir.

Unsre Gegner müssen ihre Waffen [und Munition] vom neutralen Ausland beziehen, während unsre Industrie in der Lage ist, den Bedarf unsrer und auch der verbündeten Armeen zu decken. Die Engländer hofften uns durch die Entziehung des Salpeters die Herstellung des Pulvers unmöglich zu machen, aber die deutsche Technik ermöglichte es, diesen Mangel zu beseitigen.

II. Die bedeutendste Überlegenheit haben wir auf militärischem Gebiet. Was für einen Heerführer können die Russen unsrem Hindenburg gegenüberstellen? Sie haben keinen einzigen, der ihm nur im geringsten gleichkäme. Nicht nur in den höheren Führerstellen haben wir tüchtige Männer, sondern auch bis zum Gruppenführer herunter füllt jeder seinen Platz aus. Besonders der Unteroffizier und Gefreite im Schützengraben ist für einen Angriff oder zur Verteidigung der wichtigste Führer [unklar], von dem das Gelingen zum großen Teil abhängt.

2) Den guten Gruppenführer verdanken wir nur der vorzüglichen Manneszucht und der Ausbildung. Jeder Mann weiß, wie er sich zu verhalten hat.

3) Und zuletzt die bewunderswürdige Tapferkeit jedes einzelnen Soldaten, hervorgerufen durch die Einsicht der Notwendigkeit dieses Draufgehens und durch den festen Willen zum Siegen. [kein Satz] Diesem Bewußtsein „wir können, müssen und sollen siegen" haben wir einen großen Teil unseres Erfolges zu verdanken.

III. England will uns aushungern, aber Deutschland ist wirtschaftlich so stark, daß der Versuch fehlschlagen wird. Auch in finanzieller Hinsicht haben wir Triumphe gefeiert.

C) Der bisherige Verlauf des Weltkrieges und der augenblickliche Stand der Armeen lassen hoffen, daß aufgrund unsrer Überlegenheit auf jedem Gebiet, so Gott will, der endgültige Sieg erfochten werde.
Wiesbaden, den 29.3.1916
(Hessisches Hauptstaatsarchiv Wiesbaden, Abt. 429/5 Nr. 359)

[Am Ende von A fehlt der Hinweis auf B. Das in B1 gesagte gehört zum Teil 2 unter BII, BI1 Volkskrieg = geistiges Gebet? Die im ganzen richtige Gliederung hätte mehr und damit wirkungsvoller ausgeführt werden müssen. Manches ist nur angedeutet. Trotzdem kann mit Rücksicht auf Inhalt und Form die Arbeit als genügend bezeichnet werden.]

7. Die Mühen des Schreibens Zu Fach- oder Hausarbeiten, Referaten, Protokollen und Abiturthemen

Das selbständige Schreiben gehört bekanntlich nicht zu den großen Stärken und Leidenschaften vieler Schülerinnen und Schüler, aber auch manche Lehrerinnen und Lehrer jammern und mühen sich ab, wenn sie etwa Abiturvorschläge einreichen oder selbst einmal einen Text für eine breitere Öffentlichkeit verfassen müssen. Das Abfassen von Texten, die anderen zur Begutachtung vorgelegt werden, einem Lehrer oder einer Schulaufsichtsbehörde, ist oft mit massiven Schreibproblemen verbunden. Hier geht es jedoch nicht um die psychologischen Aspekte derartiger Hemmungen, sondern um praktische Schreibanregungen in der Sekundarstufe II.

Das Verfassen einer Fach- oder Hausarbeit, von Referaten und Protokollen kann den wissenschaftspropädeutischen Anspruch der Sekundarstufe II fördern, allerdings geht der wissenschaftspropädeutische Auftrag keineswegs nur im Erwerb von Lern- und Arbeitstechniken, etwa des richtigen Zitierens, Bibliographierens, Exzerpierens oder des Umgangs mit Fachliteratur etc. auf, sondern besteht eher in der Einführung in die Historische Methode. Dazu kann besonders das schulisch angeleitete Verfassen einer Fach- oder Hausarbeit dienen.

In einigen Bundesländern müssen im Rahmen von Leistungskursen Fach- oder Hausarbeiten angefertigt werden. Die dabei erzielten Leistungen können gelegentlich in die Gesamtqualifikation eingebracht werden oder werden im Abiturzeugnis gesondert dokumentiert. Um diese je nach Bundesland recht unterschiedlichen schulrechtlichen Fragen kann es hier nicht gehen. Die Schülerinnen und Schüler meiner Leistungskurse in der Jahrgangsstufe 12 müssen grundsätzlich eine Facharbeit schreiben, obwohl diese in Hessen nicht obligatorisch sind und Facharbeiten (Umfang etwa 15-25 Seiten) im Leistungskurs keine der beiden Halbjahresklausuren ersetzen können. Das Ergebnis fließt dann in die Leistungsbewertung ein. – Zu den Themen Facharbeiten/Protokolle/Referate hat Bernhard Mieles (siehe Literatur) konkrete Vorschläge entwickelt; die folgenden Anregungen schlagen teilweise eine andere Richtung ein.

Fach- oder Hausarbeiten

Es erscheint sinnvoll, wenn derartige größere schriftliche Arbeiten im engen Bezug zu den Unterrichtsthemen aus dem bereits behandelten Unterricht heraus entstehen oder besser noch, wenn sie zu bearbeitende Themen vorbereiten. Am Anfang der Arbeit steht ein Besuch in der Landesbibliothek. Hier lernen die Schülerinnen und Schüler grundlegende Schritte der Literaturrecherche und das (Fern-)Leihsystem kennen. Im Unterricht werden sie mit den wichtigsten Zitiertechniken und -regeln vertraut gemacht und es wird darüber gesprochen, wie man eine solche Arbeit gliedern könnte.

Facharbeiten sollten thematisch nicht zu weit (z.B. „Die Parteien in der Weimarer Republik" oder „Der Widerstand im Dritten Reich") gefasst werden, denn dann bestünde die Schülerleistung im günstigsten Fall in der knappen Zusammenfassung von Ergebnissen der nicht mehr überschaubaren Forschungsliteratur oder von Handbuchartikeln, kaum jedoch im selbständigen Recherchieren.

Ideal wäre es, wenn die in einem Kurs vergebenen Facharbeiten thematisch so aufeinander bezogen werden könnten, dass aus ihnen ein gemeinsames Projekt entsteht, etwa eine Publikation für die Schulöffentlichkeit, den Stadtteil oder für eine Fachzeitschrift. Ich denke hier an ein Gesamtprojekt, das in viele kleine Unterthemen aufgesplittet werden könnte. Die Arbeit an einem gemeinsamen Projekt trägt dazu bei, dass sich die Schülerinnen und Schüler gegenseitig inspirieren, sich Literaturhinweise geben und die Arbeit der anderen Kursteilnehmer etwas kompetenter einschätzen können.

Ein Vorschlag: Die Nachkriegszeit in XY:

- Die Entfaltung des örtlichen Pressewesens nach 1945
- Die Herausbildung von Parteien oder einer Partei
- Inititiativen der neuen Gewerkschaften
- Die Angebote und Kosten auf dem Schwarzmarkt
- Frauenüberschuss in der Nachkriegszeit und die sozialen Probleme von verheirateten/unverheirateten Frauen
- Soziale Probleme von Heimkehrern aus der Gefangenschaft
- Displaced persons
- Die Schulraumnot nach 1945
- Verhältnis der Bevölkerung zu der Besatzungsmacht
- Rohstoff- und Brennstoffmangel, Lösungsstrategien
- Örtliche Initiativen der Besatzungsmacht

- Wohnungsnot und Flüchtlingsschicksale
- Ernährungssituation
- Kriegszerstörungen und deren Bewältigung

Die Schülerinnen und Schüler könnten hierzu aus den örtlichen und regionalen Zeitungs- und Bildarchiven bzw. Stadtarchiven Materialien zusammenstellen, Interviews mit Zeitzeugen führen, selbst Quellensammlungen zur Nachkriegszeit entwickeln und die lokalen Vorgänge unter Bezug auf die sicherlich nur begrenzt vorhandene allgemeine und lokale Forschungsliteratur einordnen und bewerten.

Im Unterricht sollten sie in einem bestimmten Rhythmus über den Stand ihrer Recherchen berichten. Bei der Durchführung derartiger Projekte sollten zeitliche Vorgaben für bestimmte Arbeitsschritte gegeben werden: Literaturrecherche, Entwicklung einer vorläufigen Disposition, Durchführung von Interviews und Archivstudien – bzw. Zeitzeugenbefragung.

Bei solchen Projekten kann auch mühelos vermieden werden, dass die Schülerinnen und Schüler einfach ihre Facharbeit aus dem Internet „abkupfern“. Facharbeiten, die auf ein Rahmenthema fokussiert werden, können vielleicht die Grundlage für eine reizvolle und lohnende gemeinsame Publikation abgeben.

Andere Projektideen bzw. Rahmenthemen für lokale Recherchen:

- Revolution 1848 (Trägergruppen, Flugblätter, Zeitungen, Aktionen)
- Kriegsausbruch 1914 (Stellungnahmen verschiedener Gruppen und Parteien, Analyse der Annoncen, Umwandlung der Schulen in Kasernen ...)
- Kriegsalltag 1914-1918
- Revolution 1918/19
- Wahlen und Abstimmungen in der Weimarer Republik
- Machtübergabe 1933 (Rolle der einzelnen Parteien, der Kirchen, Stellungnahmen in lokaler Presse, Aktionen der SA und anderer Wehrverbände ...)
- Das „Wirtschaftswunder“
- Massenkonsum und Massenmobilität, Verkehrspolitik in den 1950er Jahren
- Widerstand gegen die Wiederbewaffnung
- Die Schüler- und Studentenrevolte 1968
- Alternative Reformprojekte und Ökoinitiativen vor Ort

Derartige „Großthemen“ müssten ebenfalls thematisch aufgeliedert werden; die allgemeine Forschungsliteratur zu den einzelnen Themen ist unüberschaubar, kaum aber die Literatur zu den lokalen Vorkommnissen und Verhältnissen. Die Schüler könnten sich bei diesen Themen im wesentlichen auf gedruckte Quellen beschränken, sie müssten sich kaum mit schwierigen handschriftlichen Materialien auseinandersetzen. Neben traditionellen Facharbeiten ist es auch möglich, eine kommentierte Quellensammlung zu entwickeln oder einen kleinen kommentierten Bildband herzustellen (vgl. hierzu aber die Hinweise im Abschnitt „Vorsicht vor Fotos"). Die Facharbeiten werden in der Schulbibliothek gesammelt und stehen anderen Schülern zu Verfügung.

Um dem wissenschaftspropädeutischen Anspruch gerecht zu werden, sollten die aufgefundenen Quellenmaterialien jeweils vor dem Hintergrund der zeitgenössischen Verhältnisse gedeutet werden (Historizitätsbewusstsein). Die jeweiligen Themen sollten aber auch in einen weiteren historischen Rahmen gesetzt werden, z.B.: Welche Folgen hatte die Kriegsbegeisterung 1914 für die Weimarer Republik? Welche Spuren hinterließ die partielle Niederlage der Revolution 1848? Und schließlich könnten verbreitete Geschichtsbilder und Mythen sowie deren Folgen aufgegriffen werden (vgl. Kasten S. 125).

Referate

Referate gehören zum Schulalltag in der Oberstufe, zumal sie in einigen Bundesländern auch eine der beiden Halbjahresklausuren ersetzen können. Ganz wichtig ist dabei: Adressat eines Referats ist grundsätzlich die Lerngruppe, nicht der Lehrer. Das hat Konsequenzen für die Sprachebene, die Verständlichkeit des Vortrags und die innere Struktur des Referats. Ich lasse in der Regel Gruppenreferate anfertigen, um Ermüdungserscheinungen, die zwangsläufig mit 20 Einzelreferaten im Halbjahr verbunden sind, zu vermeiden. Auch hier sollten bei der Erarbeitung des Referats die Arbeitsschritte des Referenten vom Lehrer begleitet werden, um z.B. bei der Literatursuche zu verhindern, dass die Schülerinnen und Schüler völlig überholte oder apokryphe Literatur benutzen, dass sie relevante Fragestellungen und Thesen entwickeln, Gegenpositionen vorstellen usw.

Ich fordere von meinen Schülerinnen und Schülern grundsätzlich einen weitgehend freien Vortrag von maximal 20 Minuten für die gesamte Arbeitsgruppe, denn nichts ist schrecklicher und einschläfernder als ein langer, schlecht abgelesener Text mit endlosen Hypotaxen und vielen Fremdwörtern, die vielleicht sogar auch den Vortragenden fremd sind. Im übrigen sollte noch Zeit für Nachfragen und die Diskussion bleiben.

Leistungskurs Geschichte 1999: Hinweise zur Facharbeit

Die Facharbeit sollte enthalten:

- Deckblatt (evtl. Grafik/Bild, Thema, Verfassername)
- Gliederung
- Einleitung (z.B. warum interessiert mich diese Fragestellung, dieses Thema, Aktualität des Themas, welche Probleme sind bei der Bearbeitung aufgetreten)
- Gegliederter Hauptteil
- Zusammenfassung
- Anmerkungen (wenn nicht bereits auf den Seitenenden)
- Bibliographie (alphabetisch geordnet)

Zitierweise: Name, Vorname: Titel. Untertitel, Ort Jahr. Beispiel: Schwanitz, Dietrich: Der Zirkel. Eine romantische Komödie, Frankfurt/M. 1998.
Bei Zeitungs- oder Zeitschriftenartikel: Name, Vorname: Titel. Untertitel, in: Name der Zeitschrift, Jahrgang (Jahr), gegebenenfalls Heftnummer, S. Beispiel: Mütter, Bernd: Emotionen und historisches Lernen, in: Geschichte in Wissenschaft und Unterricht 50 (1999), S. 340-355.
Zitate müssen grundsätzlich nachgewiesen werden, ebenso Textaussagen aus der Fachliteratur, die sinngemäß wiedergegeben werden. Es ist keine Schande, gute und gelungene Formulierungen zu übernehmen, aber bitte nicht seitenweise etwas abschreiben, sondern nur die entscheidende Passage oder Aussage zitieren. Wenn man sinngemäß zitiert, dann keine „“, sondern Anmerkung etwa wie: im Folgenden stütze ich mich auf das Werk: Name, Vorname usw.
Nicht gefordert, aber möglich ist es, dass man sich kritisch mit den Aussagen/Thesen der Sekundärliteratur befasst. Hier beginnt die „eigentliche“ Wissenschaft.
Es wäre schön, wenn Euer Werk optisch ansprechend aussieht, vielleicht auch gebunden ist. Illustrationen sind nicht gefordert, aber erfreuen den/die Leser/in. Bildnachweis nicht vergessen. Die Arbeit muss nicht „durchgestylt“ sein.
Bitte spannt nicht Eure Eltern/Mütter als Sekretärinnen ein! Ihr lernt das Maschineschreiben mit 10 Fingern am besten dadurch, dass Ihr selbst tippt!
Bitte 1½-zeiliger Abstand aus Gründen der Lesbarkeit. Links Rand lassen.
Bearbeitungszeitraum: bis Dezember 99, Umfang (schwer festzulegen, da er vom Thema abhängt) als Richtwert 15-25 Seiten, bitte auf keinen Fall deutlich umfangreicher, die Arbeit kann aber durchaus etwas kürzer sein.
Die Facharbeit hat eine wissenschaftspropädeutische Funktion: erste Annäherung an, erstes Kennenlernen von „wissenschaftlichen“ Arbeitsweisen. (Stichwort: Studierfähigkeit) – Viel Erfolg und viel Spaß!

Die Referentinnen und Referenten orientieren sich beim Vortrag vor der Klasse an einem maximal zweiseitigen Thesenpapier, das auch jedem Mitglied der Lerngruppe vorliegen muss. Dieses Thesenpapier enthält die zentrale Frage- oder Problemstellung, ferner relevante Basisinformationen zum Thema und schließlich die Thesen und ausgewählte Literaturangaben. Das Thesenpapier soll übersichtlich und optisch ansprechend gestaltet sein.

Protokolle

Diese Textform atmet ein wenig den Geist der Strafarbeit und der langweiligen Pflichtübung, also sollten Protokolle anders gestaltet und hinsichtlich ihrer Funktion neu definiert werden. Es gibt wenig Sinn, den Unterrichtsverlauf jeder Stunde in groben und allgemeinen Zügen nachzuzeichnen. Für die Klausur- oder Abiturvorbereitung sind solche Protokollberge ohnedies wenig brauchbar. Ergiebiger erscheint es, wenn „wichtige" Stunden dokumentiert werden, der Protokollant unklar oder offen gebliebene Fragen durch den Bezug auf Fachliteratur klärt, kontroverse Einschätzungen – etwa bei Bildanalysen oder bei der Quellenarbeit – pointiert, differenzierter entfaltet und begründet, also wenn das Protokoll gewissermaßen die vielen Unschärfen, die den alltäglichen Unterricht kennzeichnen, nachträglich ausbügelt. Daher erscheint es sinnvoll, das Protokoll mit dem Protokollanten vor der Vervielfältigung eingehend zu besprechen. Da die allermeisten Schülerinnen und Schüler ganz selbstverständlich mit dem PC arbeiten, machen diese nachträglichen Korrekturen und Ergänzungen auch nicht mehr so viel Mühe.

Besondere Herausforderungen für Lehrer: Klausur- und Abiturthemen

Besonders jüngere, prüfungsunerfahrene oder auch wenig selbstbewusste Kollegen erliegen bei Klausur- und besonders bei Abiturthemen der Gefahr, zu anspruchsvolle oder zu schwierige Themen zu entwickeln, die selbst gute Schüler überfordern. Abiturthemen sollten von „befriedigenden" Schülern in befriedigender Weise bewältigt werden können.

Abiturthemen haben in der Regel folgende Struktur, hier konkret ausgeführt an einem hessischen Abiturthema (ein weiteres Beispiel findet sich im Kapitel „Plakate"):

Vorschlag I

Materialvorgabe: siehe Anlage 1c)
Fundstelle: Reichsinnenminister Severing über die Radikalisierung des politischen Alltags, Dezember 1929, Vierteljahrshefte zur Zeitgeschichte 8 (1960), S. 281 ff.

Arbeitsanweisungen:

1. Die Weimarer Republik war mit zahlreichen Ressentiments konfrontiert und innenpolitischen Belastungen ausgesetzt. Bezeichnen Sie diese anhand der Textaussagen.
2. Entwickeln Sie über die Textaussagen hinausgehende grundlegende Aspekte, warum die erste deutsche Demokratie scheiterte.
3. Vergleichen Sie diese Ursachen des Scheiterns mit grundlegenden innen- und außenpolitischen Bedingungen der frühen Bundesrepublik.

(Die nachfolgenden Teile bekommen die Schülerinnen und Schüler nicht zu Gesicht.)

Anlage 1b)

Beschreibung der erwarteten Schülerleistung gem. Abschnitt ... der Verordnung über die fachspezifischen Prüfungsanforderungen in der Abiturprüfung vom ...

zu Vorschlag I:

Der prüfungsdidaktische Schwerpunkt der Aufgabenstellung ist vorrangig dem Kurs „Deutschland während des Nationalsozialismus. Europa während des Faschismus" (12/2) entnommen. In diesem Kurs wurden u.a. fundamentale Probleme der Nachkriegsordnung nach 1918, insbesondere der ersten deutschen Demokratie behandelt, Aufgabe 3 stellt den kursübergreifenden Bezug her, hier werden Ausführungen erwartet, die im Kurs 13/1 „Konflikt und Kooperation in der Welt nach 1945" (Kalter Krieg, Nachkriegsordnung, „Wirtschaftswunder" Restauration, Westintegration, Demokratisierung etc.) thematisiert wurden.

Beschreibung der erwarteten Schülerleistung:

- **ad 1:** Hier wird eine sorgfältige und differenzierte Textarbeit erwartet. Dabei sollten folgende Textaspekte erkannt und akzentuiert werden: Radikalisierung des politischen Alltags insbesondere durch die politische Linke und Rechte; Ablehnung der Ergebnisse der Novemberrevolution; Ablehnung des gesellschaftlichen und politischen Pluralismus; Ablehnung der politischen Symbole der neuen Ordnung; antiamerikanische und antidemokratische Ressentiments in weiten Kreisen der Bevölkerung; Kontinuität und Zuspitzung des Antisemitismus des Deutschen Kaiserreichs; Dolchstoßmythos; politische und soziale Eliten gelten als „dekadent"; hohe Gewaltbereitschaft u.a.m.

- **ad 2:** Hier sollen die Ursachen des Scheiterns der ersten deutschen Demokratie in einen weiteren historischen Rahmen gestellt werden. Dabei könnten hervorgehoben werden: Politische „Verspätung" des Demokratisierungsprozesses in Deutschland; mangelnde parlamentarische Erfahrung (Antiparteienaffekt); mangelnde Kompromissbereitschaft, Nichtanerkennung der (Teil-)Schuld am Weltkrieg und daher auch vehemente Ablehnung des Versailler Vertrags; außenpolitische Isolierung; Ablehnung des „westlichen" Zivilisationskonzeptes; sozialpolitische Verwerfungen durch ökonomische Dauerkrise, dramatische Urbanisierung und Entwicklung zum Hochkapitalismus; Elitenkontinuität trotz Novemberrevolution; fehlender politischer Basiskonsens; Spaltung der Arbeiterbewegung; politische Justiz u.ä.m. Diese allgemeinen Krisenursachen der ersten deutschen Demokratie können teilweise auch aus dem Text abgeleitet werden.
- **ad 3:** Hier könnte ein systematischer Vergleich der Nachkriegssituation 1918/19 mit der nach 1945 angestellt werden: Nach 1945: im Gegensatz zu 1918/19 (weitgehende) Anerkennung der Kriegsschuld und der Kriegsniederlage; Siegermächte definierten nach 1945 ihre Aufgabe als Besatzermächte teilweise völlig anders als nach 1918; 1945 im Gegensatz zu 1918 beträchtliches Ausmaß der Kriegszerstörungen und Bewusstsein eines „historischen Neuanfangs"; weitgehende Neuformierung des Parteiensystems nach 1945; rascher ökonomischer Wiederaufstieg und allmählicher Ausbau eines Sozialstaats; politische, militärische, ökonomische und soziale Westintegration; antisemitische und antiwestliche sowie antiparlamentarische Ressentiments wurden nach 1945 allenfalls eher verhalten geäußert und galten in der politischen Öffentlichkeit als „unkorrekt". Ergebnis könnte sein: Trotz vieler historischer Parallelen (Kriegsniederlage, soziales und ökonomisches Desaster, Kriegsfolgelasten, partieller demokratischer Neuanfang etc.) wurde 1945 von den Menschen als wesentlich stärkere historische Zäsur als 1918 wahrgenommen und vor allem auch akzeptiert; das heißt aber nicht, dass nach 1945 antisemitische, antidemokratische u.ä. Ressenti-

ments mehr oder minder verschwanden, sie blieben vielmehr untergründig virulent, galten aber in der politischen Öffentlichkeit nicht mehr als politisch legitime Einstellungen.

Tabellarische Übersicht			
Arbeits-anweisung	Erwartete Schülerleistung	Anforderungs-bereich	Gewichtung
1	Textarbeit/ Textreferat	I/II	30%
2	Historische Einordnung	II	35%
3	Problemorientierte Darstellung	II/III	35%

Eine Arbeit ist mit *ausreichend (5 Punkte)* zu bewerten, wenn bei Frage 1 erkannt und dargelegt wird, dass bei den radikalen politischen Flügeln Gewalt als legitimes Mittel der Politik anerkannt wird; antiwestliche, antidemokratische und antiparlamentarische Ressentiments ein folgenreiches Amalgam bilden, das mit der Nichtanerkennung der Kriegsniederlage verbunden ist; bei Frage 2 muss deutlich werden, dass Erklärungen des Scheiterns der ersten deutschen Demokratie historisch übergreifender argumentieren müssen und nicht bei geläufigen Nebenaspekten der Weimarer Demokratie (etwa fehlende 5% Hürde o.ä.) stehenbleiben dürfen; bei Frage 3 müssen Aspekte genannt werden, die den Demokratisierungsprozess 1918/19 mit dem nach 1945 vergleichen. Mindestens sollte dabei die Rolle der Siegermächte bedacht werden, die Anerkennung der Kriegsniederlage und der damit verknüpften politischen Folgen sowie die grundsätzliche Anerkennung einer demokratischen Ordnung (Basiskonsens).

Die Bewertung der Teilaufgaben erfolgt nach der Gewichtung (100% = 100 Punkte, umgerechnet auf 15 Punkte).[1]

---

1 Rechenbeispiel: Ein Schüler erreicht bei Aufgabe 1 7 Punkte, bei Aufgabe 2 9 Punkte, bei Aufgabe 3 10 Punkte. Es werden die erreichten Punktzahlen mit der jeweiligen Prozentzahl multipliziert, dann werden die jeweiligen Produktergebnisse addiert und die Summe durch 100 dividiert: Gesamtpunktzahl: also: 7 x 30 = 210; 9 x 35 = 315; 10 x 35 = 350; $\sum$: 875 : 100 = 8,75 Punkte.

Anlage 1c

Reichsinnenminister Carl Severing über die Radikalisierung des politischen Alltags, Dezember 1929

Seit der Nichterneuerung des Republikschutzgesetzes[2] vergeht kaum ein Tag, an dem nicht irgendwo in Deutschland, zumeist an mehreren Stellen, auf politisch Andersdenkende geschossen, eingeschlagen oder eingestochen wird. Der Zustand staatsbürgerlicher Sicherheit hat einen beklagenswerten Tiefpunkt erreicht und sinkt täglich mehr. Die Ursache dieser betrübenden Erscheinung ist die hemmungslose Verhetzung durch Wort und Schrift, die von den Gegnern der Republik auf der äußersten Linken und auf der äußersten Rechten getrieben wird. (…) Im folgenden wird eine Auswahl von Beispielen für die von rechts und links beliebte Hetze, die in den letzten Monaten durch kein Republikschutzgesetz gezügelt werden konnte, gegeben.

Der „Niedersächsischer Beobachter" in Hannover (…) vom 27.7. und das „Landvolk" in Itzehoe (Nr. 102) vom gleichen Tage führten in einem Aufsatz *Volksheer oder Garde der Demokratie* folgendes aus: ‚Spuk in Berlin. Spät nachmittags auf dem Kurfürstendamm. Bars, Amüsierkneipen, Kokotten in Seide und Pelz, Negermusik aus drei Dutzend Kaffeehäusern. (…) Die Nacht fällt ein. Hier aber wird es heller. Der Trubel wächst, Licht unzähliger Scheinwerferlampen macht die Augen, die Gesichter grell, maskenhaft, unheimlich. Alle Männer sehen aus, als könnte jeder sein: Minister, Schieber, Taschendieb, Börsianer, Bankier (…) Man sieht sich, kneift die Augen zusammen, denkt an den Begriff der ‚weißen Weste' und lächelt suffisant ‚Na ja' (…) Das ist das Gesicht des Staates von Weimar, den sich die Arbeiterschaft als Staat der ‚sozialen Demokratie' zu gestalten dachte.'

(…) Am 16.8. bezeichnete der Kommunist Rogalla in einer öffentlichen Versammlung der National-Sozialisten in Wanne-Eikel (Westfalen) die Republik als einen „Sau- und Schweinestall."

In einem Aufsatz *10 Jahre Judenrepublik* des „Westdeutschen Beobachters" (Köln) (…) vom 18.8. wurde am Schluss ausgeführt: „Eine traurige Bilanz fürwahr: 10 Jahre Judenrepublik. 10 Jahre Volksbetrug. 10 Jahre Börsen-

---

2 Dieses 1922 auf dem Höhepunkt politischer Morde erlassene Ausnahmegesetz erlaubte bereits beim Verdacht „staatsfeindlicher" Betätigung Hausdurchsuchungen, Verhaftungen und Verbote und diente der schnellen Aburteilung verfassungsfeindlicher Straftaten. 1929 lehnte der Reichstag eine Verlängerung des Gesetzes ab.

gaunerei, 10 Jahre erbitterter Kampf gegen diese Halunken und Verbrecher, die im Jahre 1918 der deutschen Front den Dolch in den Rücken stießen und uns an die internationale Judenhochfinanz verkauften und verrieten (um) des schnöden Mammons willen."
(...) Gelegentlich des Stahlhelmtages in Brandenburg am 31.8. bezeichnete der Landwirt Oswald Herter die Reichsfarben öffentlich als „schwarz-rot-scheiße".
(...) In einer öffentlichen kommunistischen Versammlung in Freiheit (Kreis Osterode ...) am 14.9. rief der Arbeiter Schubert in Bezug auf die Minister Severing und Wissell: ‚Hängt sie an den Baum!'"

Literatur

Mieles, Bernhard, Wissenschaftspropädeutisches Arbeiten in der Sekundarstufe II, in: GL 68 (1999), S. 50-53
Lernmethoden – Lehrmethoden – Wege zur Selbstständigkeit. Friedrich Jahresheft XV, 1997

8. Ein neuer Königsweg? Fächerübergreifender Unterricht

Warum fächerübergreifender Unterricht heute?

In der „Vereinbarung" der Kultusministerkonferenz zur Gestaltung der gymnasialen Oberstufe in der Sekundarstufe II vom 28.2.1997 wird festgelegt, dass „fachübergreifende und fächerverbindende Inhalte und Lernformen (...) Bestandteile des Unterrichts in der gymnasialen Oberstufe" sind (Absatz 7.4.2). Die einzelnen Bundesländer haben in ihren Schulgesetzen und Verordnungen über die Oberstufe sowie die Abiturprüfung diese Akzentsetzung aufgegriffen. So sind in Hessen die Schulen angehalten, in der Qualifikationsphase „pro Jahrgangsstufe mindestens ein fachübergreifendes oder fächerverbindendes Lernangebot oder entsprechendes Projekt anzubieten."[1] Wo liegen Ursachen für die Forderung nach Überschreiten der das Gymnasium prägenden Fächergrenzen? Der Abschlussbericht der von der Kultusministerkonferenz eingesetzten Expertenkommission von 1975 nennt vier Argumente, die „die Relativierung rein fachlich zentrierten Lernens" begründen:

1. Aufgrund der mit der Fachorientierung einhergehenden Wissenschaftsorientierung blende der Fachunterricht „die lebensweltliche Dimension von individuellen und sozialen Problemen" häufig aus.[2]
2. Spezialisierung in der Wissenschaft führe zu „gesellschaftlich-politisch nicht kontrollierter Nutzung von wissenschaftlichen Erkenntnissen."[3]

---

1 Verordnung über die Bildungsgänge und die Abiturprüfung in der gymnasialen Oberstufe und dem beruflichen Gymnasium vom 19. September 1998, Wiesbaden 1998, § 10,6.

2 Sekretariat der Ständigen Konferenz der Kultusminister der Länder in der Bundesrepublik Deutschland (Hg.), Weiterentwicklung der Prinzipien der gymnasialen Oberstufe und des Abiturs. Abschlussbericht der von der Kultusministerkonferenz eingesetzten Expertenkommission, Kiel 1995, S. 114.

3 Ebd.

3. Die Trennung in Fächer und Disziplinen verdecke, dass „nicht wissenschaftlichen Disziplinen, sondern Problemen der Primat des Erkenntnisinteresses gebührt.“[4]
4. Schulfächer seien historisch bedingt; diese „Tradition und Praxis der Schulen rechtfertigt sie jedenfalls nicht hinreichend oder allein.“[5]

Die Festschreibung fachübergreifenden und fächerverbindenden Unterrichts in der gymnasialen Oberstufe hat ihre Gründe in gesellschaftlichen Entwicklungen, in den Ergebnissen der Lernbiologie und Lernpsychologie sowie in didaktischen Diskussionen um den Bildungsbegriff. Probleme moderner Gesellschaften lassen sich nicht mit dem Wissen und dem Instrumentarium einer einzigen Wissenschaft analysieren. Umweltschutz, Technologiefolgenabschätzung, Friedenssicherung sind Fragestellungen, die von Spezialisten nur in Kooperation sinnvoll bearbeitet werden können.[6] Dem steht entgegen, dass es „zu wenig Spezialisten mit generellen Kompetenzen und zu viele Generalisten ohne spezielle Kompetenzen“ gibt.[7] Von ähnlicher Zeitdiagnose geht der Didaktiker Wolfgang Klafki aus, wenn er fordert, dass in Anbetracht von Schlüsselproblemen der Gegenwart (vgl. Kapitel 10) und der Zukunft[8] schulische Bildung Kompetenzen zur Einsicht und Bereitschaft zur Mitarbeit an der Lösung dieser Probleme vermitteln solle. Solche Einsicht und Bereitschaft kann aber nicht allein im Fachunterricht grundgelegt werden. Der Begründer des Oberstufenkollegs Bielefeld, Hartmut von Hentig, fordert, dass in der Oberstufe den Lernenden das Gemeinsame aller Wissenschaften, ihrer Prinzipien, ihres Prozedere und ihrer Probleme deutlich werde; auch solle soziale und politische Kompetenz sowie individuelle Entwicklung befördert werden. Da diese Bildungsvorstellungen in der Oberstufe mit ihrer traditionellen Fächergliederung schwer zu realisieren sind, findet im Oberstufenkolleg z.T. die Abkehr von dieser Fächergliederung statt. Ähnliche Forderungen stellen auch Vertreter der Wirtschaft auf.

---

4 Sekretariat KMK, Weiterentwicklung, S. 115.

5 Ebd.

6 Vgl. Gudjons, Herbert, Verbinden – koordinieren – übergreifen: Qualifizierter Fachunterricht oder fächerübergreifendes dilletieren? in: Pädagogik 9 (1997), S. 41 f.

7 Mittelstraß, Jürgen, Leonardo-Welt. Über Wissenschaft, Forschung und Verantwortung, Frankfurt/M. 1992, S. 236.

8 Klafki, Wolfgang, Neue Studien zur Bildungstheorie und Didaktik. Zeitgemäße Allgemeinbildung und kritisch-konstruktive Didaktik, 4. Aufl., Weinheim–Basel, 1994, S. 41.

Zur Begrifflichkeit

Die Termini „fächerverbindendes und -übergreifendes Lernen“ werden häufig in dieser Koppelung benutzt, ohne dass begrifflich unterschieden wird. Werden sie getrennt definiert, so widersprechen sich die Definitionen. Ich ziehe vor, von fächerübergreifendem Lernen zu sprechen, wenn zwei oder drei Fächer unter spezifischen personellen und organisatorischen Rahmenbedingungen zusammenarbeiten. Fächerverbindender Unterricht findet dann statt, wenn in einem Fach auf die Sichtweise oder den inhaltlichen Beitrag eines anderen Faches verwiesen wird, wenn z.B. das Thema „Aufklärung“ im Geschichtsunterricht mit Verweis auf die Beiträge der Literatur und Philosophie konkretisiert wird. Eine solche fächerverbindende Arbeit verlangt keine Veränderung der Fächerorganisation; sie wird aber umso produktiver, wenn die Schulcurricula der einzelnen Fächer aufeinander abgestimmt sind und wenn Lehrer und Lehrerinnen der einzelnen Fächer miteinander kooperieren.

Ziele fächerübergreifenden und -verbindenden Lernens

Aus den Argumenten der Expertenkommission der Kultusministerkonferenz lassen sich didaktische Zielsetzungen entwickeln, an denen die Chancen, die mit einem Überschreiten der Fächergrenzen verbunden sind, deutlich werden:

1. Fächerübergreifender oder -verbindender Unterricht, sofern er sich an Schlüsselproblemen orientiert, ist lebensnäher als der häufig zentral an der Fachwissenschaft orientierte Fachunterricht.
2. Fragen des gesellschaftlichen Kontexts und der Folgen wissenschaftlicher Erkenntnis lassen sich eher im fächerübergreifenden bzw. -verbindenden Unterricht problematisieren.
3. Fächerübergreifender Unterricht ist nicht nur auf Wissensvermittlung, sondern auch auf Förderung von vernetztem Denken und Problemlösungskompetenz ausgerichtet.
4. Fächerübergreifender Unterricht kann Vor- und Nachteile des Fachunterrichts deutlich machen und scheinbar selbstverständliche Lerngewohnheiten wie das Lernen in Fächern hinterfragen.[9] Er leistet somit einen Beitrag zum Aufbau metakognitiver Strukturen, zur Förderung der Einsicht, wie wir in bestimmten Situationen lernen.
5. Eine weitere Chance liegt darin, dass Lehrerinnen und Lehrer miteinander kooperieren und ihr Einzelkämpferdasein überwinden,

wenn sie fächerübergreifendes und -verbindendes Lernen gemeinsam planen, durchführen und auswerten. Lehrkräfte, die selbst teamfähig sind, sind eher imstande, die Teamfähigkeit ihrer Schülerinnen und Schüler zu fördern, denn sie wissen um Methoden, Schwierigkeiten und Früchte gemeinsamen Arbeitens.

Geschichtsunterricht und fächerverbindender Unterricht

Von Hentig und Klafki betonen, dass Bildung „ein Bewusstsein von der Geschichtlichkeit der eigenen Existenz“[10], „ein geschichtlich vermitteltes Bewusstsein von Problemen der Gegenwart und – soweit voraussehbar – der Zukunft“[11] bedeute. Ein Geschichtsunterricht, der diesem Bildungsverständnis verpflichtet ist, wird zeitweilig die Fächergrenzen sprengen müssen. Denjenigen, die befürchten, eine Orientierung an Schlüsselproblemen im Sinne Klafkis drohe dem Geschichtsunterricht den Wissenschaftsbezug zu nehmen[12], sei entgegengehalten, dass die Geschichtswissenschaft von jeher und besonders zum gegenwärtigen Zeitpunkt fächerübergreifende Fragestellungen behandelt und auf Ergebnisse, Theorien und Methoden anderer Wissenschaften zurückgreift. Die Gesellschaftsgeschichte im Wehlerschen Sinne bedient sich der Methoden und Theorieansätze der Sozialwissenschaften, vor allem Max Webers, die neue Kulturgeschichte greift auf Theorien der strukturalistischen Sprachphilosophie und der Kulturanthropologie zurück. Die Disziplin der Umweltgeschichte ist ohne die Zusammenarbeit von Geographen, Archäologen, Ingenieuren, Physikern, Chemikern, Biologen usw. nicht denkbar. Insofern bedeutet die Übernahme fächerübergreifender und -verbindender An-

---

9 Vgl. zur Notwendigkeit des Erwerbs metakognitiven Bewusstseins: Bovet, Gislinde; Huwendiek, Volker (Hg.), Leitfaden Schulpraxis. Pädagogik und Psychologie für den Lehrerberuf, Berlin 1994, S. 325 f.

10 Hentig, Hartmut von, Bildung. Ein Essay, München–Wien 1996, S. 85-94.

11 Klafki, Wolfgang, Allgemeinbildung für eine humane, fundamental-demokratisch gestaltete Gesellschaft, in: Bundeszentrale für politische Bildung (Hg.), Umbrüche in der Industriegesellschaft – Herausforderungen für die politische Bildung, Schriftenreihe der Bundeszentrale für politische Bildung, Bd. 284. Bonn 1990, S. 302.

12 Bericht des geschäftsführenden Vorstands des Geschichtslehrerverbandes von Oktober 1992 bis September 1994, in: GWU 46 (1995), S. 183.

sätze nicht zwangsläufig, dass historisches Denken „noch weiter in die Defensive"[13] gedrängt wird.

Geschichtsunterricht, der auf Förderung von Geschichtsbewusstsein zielt, sollte auch fächerverbindend und fächerübergreifend arbeiten. Warum Geschichte als Argument oder als Konsumartikel benutzt wird und mit welchen Folgen, mit welchen Medien welche Geschichtsbilder in welcher Absicht verbreitet werden – das lässt sich nur untersuchen, wenn man Einsichten und Methoden anderer Fächer wie Gemeinschaftskunde, Deutsch und Kunst heranzieht oder mit Kolleginnen und Kollegen zusammenarbeitet.

Auch unter methodischem Gesichtspunkt kann die Zusammenarbeit mit anderen Fächern dem Geschichtsunterricht nützen. So gibt die handlungs- und produktionsorientierte Literaturdidaktik dem Geschichtsunterricht wichtige Anstöße.[14] Geschichtsunterricht, der einen Beitrag zur Identitätsentwicklung der Lernenden leisten will[15], muss sich mit Glücksvorstellungen, Leiderfahrungen und Fluchttendenzen der Jugendlichen auseinandersetzen, kann Identitätsangebote der Elternhäuser, der Gesellschaft usw. erörtern.

An konkreten Beispielen wird nun dargestellt, wie ein solcher fächerverbindender und -übergreifender Unterricht inhaltlich und organisatorisch geplant und realisiert werden kann.

Beispiele aus der Praxis

Modell 1: Fächerverbindendes und -übergreifendes Arbeiten ohne Kurskoppelung

Dieses Organisationsmodell ist wenig aufwendig. Lediglich die Kooperationsbereitschaft der Lehrer und Lehrerinnen und das Interesse der Kurse an dieser Form der Arbeit und an dem jeweiligen Thema sind vonnöten. Ich habe diese Form der fächerverbindenden und

13 Pandel, Hans-Jürgen, Postmoderne Beliebigkeit. Über den sorglosen Umgang mit Inhalten und Methoden, in: GWU 50 (1999), S. 287.

14 Vgl. zur Nutzung von Literatur als historische Quelle: Praxis Geschichte 1 (1994) und GL 71 (1999).

15 Vgl. Schneider, Gerhard, Die Entwicklung der Geschichtsdidaktik seit den frühen Siebziger Jahren, in: Niemetz, Gerold (Hg.), Aktuelle Probleme der Geschichtsdidaktik, Stuttgart 1990, S. 24 f.

-übergreifenden Zusammenarbeit an zwei Fragestellungen erprobt. Mit einem Physik- und einem Geschichtsleistungskurs arbeiteten wir an der Frage, warum in Deutschland von 1880 bis 1930 eine wissenschaftliche Revolution stattfindet, die sich vor allem in der Physik manifestiert, und in welchem Zusammenhang diese Revolution mit ökonomischen, gesellschaftlichen, politischen und geistigen Wandlungsprozessen der Jahrhundertwende steht. Die Fragestellung war im Geschichtsleistungskurs aufgeworfen und mit dem Wunsch verbunden worden, mehr über die Wandlungen in der Physik zu erfahren. Mit einem Physikkollegen wurde die Idee geboren, an einem Projekttag die Ergebnisse von Arbeiten beider Kursgruppen zu der Thematik vorzustellen, zu diskutieren und Zusammenhänge zu suchen. Der Leistungskurs Geschichte arbeitete an folgenden Themen:

- Die Wissenschaftspolitik im Kaiserreich
- Wissenschaft und Imperialismus
- Wissenschaft und Krieg im Kaiserreich
- Auflösung aller Vertrautheit in der Malerei bei Kandinsky und Klee
- Franz Kafka und der Beginn der modernen Literatur
- Revolution in der Psychologie – Sigmund Freud
- Darwinismus in der Biologie
- Verwissenschaftlichung in der Medizin um die Jahrhundertwende[16]

Der Leistungskurs Physik arbeitete an folgenden Themen:

- Die klassische Physik um 1900 und Einsteins neue Theorien
- Max Plancks Wirkungsquantum
- Haben die naturwissenschaftlichen Erkenntnisse philosophische Implikationen?
- Thomas S. Kuhns These von der Struktur wissenschaftlicher Revolutionen

Am gemeinsamen Projekttag präsentierten die Schülerinnen und Schüler ihre Erkenntnisse in kurzen Vorträgen anhand von Folien und Papieren. Die Schülerinnen und Schüler suchten, angeregt durch das Referat über die Thesen von Thomas S. Kuhn zum Paradigmenwechsel in den Wissenschaften, Gründe für den Paradigmenwechsel auf den Gebieten der Physik, der Kunst und der Literatur. Die Multikausalität von Wandlungsprozessen wurde auf einer Mind-map veranschaulicht (vgl. Abb. 23, S. 138).

---

16 Material zu den Themen und zu meiner Vorbereitung habe ich dem Funkkolleg Jahrhundertwende, Weinheim–Basel 1989 entnommen. Dort findet sich auch weiterführende Literatur.

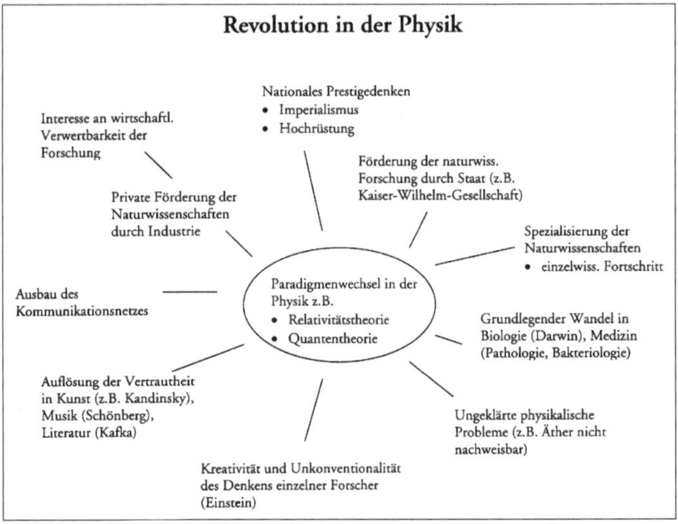

Abb. 23: Schaubild „Revolution in der Physik" (Grafik der Autorin)

Eine andere fächerverbindende und -übergreifende Zusammenarbeit einer Klasse 11 mit einem Grundkurs Physik Kl. 12 hatte das Thema „Renaissance – Wandlungen in Kunst, Wissenschaft und Philosophie" zum Gegenstand. Die Zusammenarbeit wurde so eingeleitet, dass der Physiklehrer in einer Doppelstunde, in der beide Klassen anwesend waren, ein Thesenpapier zum Thema „Wandlungen in Astronomie und Physik in der Frühen Neuzeit" präsentierte und diskutierte. Anschließend entwickelten die Schüler und Schülerinnen Fragen zu Themenkomplexen, die sie an einem zukünftigen Projekttag klären wollten. Ich präsentierte ein Thesenpapier zum Thema „Renaissance – ökonomische, gesellschaftliche und politische Grundlagen", auf dessen Grundlage weitere Fragen für den Projekttag erarbeitet wurden.

Nach diesen „Impulsveranstaltungen" sichteten mein Kollege und ich die Fragen und entwickelten daraus Themen für die Weiterarbeit bis zum Projekttag:

- Das Weltbild des Aristoteles
- Das Weltbild des Ptolemäus
- Christliche und aristotelische Weltvorstellungen werden eins – das Weltbild des Mittelalters
- Kopernikus' heliozentrisches Modell
- Keplers Entdeckung der Planetenbahnen

- Die Entwicklung der Kunst in der Renaissance
- Leonardo da Vinci – Künstler, Wissenschaftler, Techniker, Renaissancemensch
- Der Neoplatonismus bei Pico della Mirandola

An diesen Themen arbeiteten die Schülerinnen und Schüler kursübergreifend in Gruppen, so dass die „Physiker" und „Historiker" ihren jeweils spezifischen Blick auf den Gegenstand bereits in die Erarbeitung hineintrugen. Diese Bildung lerngruppenübergreifender Arbeitsgruppen erwies sich als motivierender und der sachlichen Arbeit förderlicher Faktor. Die Zusammenarbeit mündete in einen Projekttag, an dem in verschiedenen Präsentationsformen (Bildanalyse; Rollenspiele, die die Kontroversen zwischen mittelalterlichem und neuem Weltbild veranschaulichten; Referate) die Thematik veranschaulicht wurde.[17]

Modell 2: Fächerverbindendes und -übergreifendes Arbeiten mit Kurskoppelung

Dieses Modell hat als organisatorische Rahmenbedingung, dass in zwei Fächern die gleiche Kurszusammensetzung besteht. Die beiden Lehrkräfte planen mit der Lerngruppe die fächerverbindende Arbeit. Als Deutschlehrerin erprobte ich dieses Modell mit einem Geschichtskollegen in einem gemeinsamen Grundkurs in den Halbjahren 12/1 bis 13/1.[18] Orientierungsrahmen für die Planung war der Hessische Rahmenplan Geschichte, da er einen engeren Spielraum setzt als der Deutschlehrplan.

In 12/1 wurden im Fach Geschichte die Zeit der Industrialisierung, der Bürgerlichen Revolutionen und des Imperialismus sowie der Erste Weltkrieg behandelt. Im Fach Deutsch untersuchten wir die Rezeption der Französischen Revolution bei Schiller, Goethe und Georg Forster. Der Lerngruppe wurde deutlich, dass die deutschen Klassiker ihre Hoffnungen eher auf Versittlichung des Einzelnen statt auf revolutionäre Veränderung setzten, Forster dagegen den politisch-revolutionären Weg zur Verbesserung der Zustände favorisierte. Die Beschäftigung mit dem Wirken und dem Werk von Georg Büchner im Deutschunterricht ver-

---

17 Dieses Projekt ist ausführlich dargestellt in der Festschrift der Martin-Niemöller-Schule zum 25. Geburtstag, Wiesbaden 1999. Beide Projekte habe ich mit meinem Kollegen Dr. Rainer Eckert durchgeführt.

18 Ich danke meinem Kollegen Werner Michel für Anregungen und die Zusammenarbeit.

anschaulichte die im Geschichtsunterricht behandelte Situation im Vormärz; die Arbeit mit dem Büchner-Drama „Dantons Tod“ führte zur Auseinandersetzung mit der Frage der moralischen und politischen Beurteilung der Revolution. Als im Fach Geschichte die Themen „Industrialisierung“ und „Soziale Frage“ behandelt wurden, las der Deutschkurs das Drama „Die Weber“ von Gerhart Hauptmann, in dem es um die materielle und seelische Not der Opfer von Industrialisierung und Modernisierung geht.

Aspekte, die im Geschichtsunterricht aus Zeitmangel zu kurz kamen, konnten in Deutsch an literarischen Texten behandelt werden, z.B. die Entwicklung der Geschlechterbeziehungen im Bürgerlichen Zeitalter. Die „Polarisierung der Geschlechtercharaktere“ aufgrund der „Dissoziation von Erwerbs- und Familienleben“[19] wurde z.B. an Schillers Gedicht „Würde der Frauen“[20] deutlich. Friedrich Schlegels Roman „Lucinde“[21] – in Auszügen gelesen – entwirft eine andere, gleichberechtigte Frau-Mann-Beziehung. Während sich die Lerngruppe im Geschichtsunterricht mit dem Kaiserreich beschäftigte, interpretierte sie im Fach Deutsch den Fontane-Roman „Irrungen Wirrungen“[22] und thematisierte die Auswirkungen der Ständegesellschaft am Scheitern des Glücksstrebens von Botho und Lene. Aufgrund der Analyse der Erzählperspektive sahen die Schülerinnen und Schüler, dass Fontane einen fiktiven Erzähler wählt, dessen gelassen-resignative Haltung die Wirkung des Romans bestimmt. Sie erfassten, dass ein Roman nur unter Berücksichtigung seiner Fiktionalität und der künstlerischen Gestaltung als historische Quelle zu benutzen ist. Während in den meisten Stunden des Schuljahres eher fächerverbindend gearbeitet wurde, fand am Ende des Schuljahres ein fächerübergreifendes Projekt statt, bei dem eine Ausstellung zu Gesellschaft und Kultur im 19. Jahrhundert erstellt und ein „literarischer Salon“ inszeniert wurde, in dessen Rahmen vor eingeladenen Mitschülerinnen und Mitschülern literarische Texte aus dem 19. Jahrhundert vorgetragen wurden.

---

19 Hausen, Karin, Die Polarisierung der Geschlechtercharaktere. Eine Spiegelung der Dissoziation von Erwerbs- und Familienleben, in: Rosenbaum, Heidi (Hg.), Seminar Familie und Gesellschaftsstruktur. Materialien zu den sozioökonomischen Bedingungen von Familienformen, Frankfurt/M. 1978, S. 161-191.

20 Abgedr. i.: Blinn, Hansjürgen (Hg.), Emanzipation und Literatur, Frankfurt/M. 1984, S. 229 f.

21 Stuttgart 1963.

22 Frankfurt/M.–Berlin 1994.

Im Halbjahr 12/2 ging es in Geschichte um die Zeit der Weimarer Republik und des Nationalsozialismus. Der Deutschkurs interpretierte als Einstieg Thomas Manns Novelle „Mario und der Zauberer“[23], eine sozialpsychologische Studie über die Verführbarkeit von Menschen durch (faschistische) „Zauberer“. Auch im Verlauf des Halbjahres leistete der Deutschunterricht die „mentalitätsgeschichtliche Vertiefung der im Geschichtsunterricht behandelten Entwicklungen; er zeigte an Werken der Exilliteratur[24] auf, zu welcher seelischen Korruption bei den Tätern und Mitläufern, zu welcher Not und Bedrängnis bei den Verfolgten die nationalsozialistische Diktatur führte. Ignazio Silones Roman „Wein und Brot“[25] verdeutlichte die äußere und innere Situation der Gegner des italienischen Faschismus.

Im Halbjahr 13/1 wurde in Geschichte die Entwicklung in Deutschland und in der Welt nach 1945 behandelt. In Deutsch gewannen die Schülerinnen und Schüler anhand von Wolfgang Koeppens 1951 erschienenem Roman „Tauben im Gras“[26] einen Eindruck, wie ein Schriftsteller die deutsche Gesellschaft nach dem Krieg darstellte. Der Kurs setzte sich mit Koeppens Vorwurf, dass Orientierungslosigkeit oder restaurative bis faschistoide Tendenzen die Nachkriegszeit geprägt hätten, auseinander und erörterte, ob der weitere Verlauf der bundesrepublikanischen Geschichte Koeppen recht gegeben habe. Im Geschichtsunterricht wurde die Frage nach restaurativen bzw. demokratischen Tendenzen in der deutschen Nachkriegsgeschichte erörtert. Im letzten Drittel des Kurshalbjahres waren die deutsche Teilung und die Einigung Themen des Geschichtsunterrichts. Im Deutschunterricht wurde der 1991 erschienene Roman von Monika Maron „Stille Zeile sechs“[27] gelesen, eine Auseinandersetzung einer jungen Frau mit der Generation der DDR-Gründungsväter. Dieser Roman gab eine Erklärung dafür, warum die DDR-Funktionäre den Rückhalt bei der jüngeren Bevölkerung verloren hatten und warum das System 1989 zusammengebrochen war. Den Abschluss der fächerverbindenden und -übergreifenden Arbeit bildete wieder ein literarischer Salon.

---

23 Frankfurt/M. 1992.

24 Gelesen wurden: Keun, Irmgard, Nach Mitternacht, München 1980; Seghers, Anna, Das siebte Kreuz, Berlin 1993.

25 Köln 1984.

26 Frankfurt/M. 1980.

27 Frankfurt/M. 1996.

Modell 3: Fächerverbindendes und -übergreifendes Unterrichten im Profilkurs

Das organisatorisch aufwendigste Modell stellt die Konzeption eines Profilkurses dar; eine Lerngruppe wählt gemeinsam einen Leistungskurs und mehrere Grundkurse. Diese Lerngruppe bleibt also bei mehreren Fächern gemeinsam zusammen. Man hat genügend Stunden, um fächerübergreifende Projektarbeit durchzuführen. Im Folgenden wird ein solcher Profilkurs der Klassenstufe 12 vorgestellt, bei dem ein Leistungskurs Kunst mit den lerngruppenidentischen Grundkursen Deutsch und Geschichte zusammenarbeitete.

Wir stellten den Profilkurs unter die Fragestellung „Kultur und gesellschaftlicher Wandel". Bei den Fächern Kunst und Literatur stand die Leitfrage im Vordergrund, Kunst und Literatur in Thematik, Wirkungsabsicht und Form in Zusammenhang mit ihrer Entstehungssituation besser zu verstehen.

Im Halbjahr 12/1 ging es um die Frage von Revolution und Restauration im 19. Jahrhundert. In Kunst stand laut Lehrplan die Bildende Kunst im Mittelpunkt. Vor Beginn des Schuljahres erstellten wir eine Planungsskizze[28], die die fächerübergreifenden Leitfragen des Halbjahres verdeutlicht: Welche Inhalte der liberalen, demokratischen und sozialen Ideen prägen das 19. Jahrhundert? In welcher künstlerischen Form und in welcher Wirkungsabsicht manifestieren sie sich in Bildender Kunst und Literatur? Welche Ziele verfolgte die Restauration? Wie verarbeiteten Künstler und Literaten den Sieg der restaurativen gesellschaftlichen Gruppen?

Aufgrund dieses Fragenkomplexes gelangten wir zu unserem Halbjahresplan, der von einer thematischen Vierteilung geprägt war: Zunächst sollte die Epoche der Hoffnung auf einen freien Menschen in einem liberalen bzw. demokratischen Staat untersucht werden. In einem zweiten Schritt planten wir, die Reaktion von Staat und Gesellschaft auf die „Soziale Frage" zu untersuchen. Drittens sollten politische und künstlerische Reaktionen auf das Scheitern der Revolution und die Ambivalenzen des Modernisierungsprozesses bearbeitet werden. Am Halbjahresende sollte die Jahrhundertwende in ihrer Janusköpfigkeit zwischen Modernisierung und Tradition erfasst werden.

---

28 Die Profilübersicht informiert über die konkrete Planung der Halbjahre 12/1 und 12/2. Für die Zusammenarbeit bei Planung und Durchführung danke ich meiner Kollegin Hartrud Schwartz und meinem Kollegen Werner Michel.

Eng verzahnt mit diesen fächerverbindenden inhaltlichen Schwerpunkten erfolgte die Planung: Wir wollten das Halbjahr mit einem Besuch der Frankfurter Ausstellung „1848 – Aufbruch zur Freiheit" beginnen und die Lerngruppe Arbeitsaufträge bearbeiten lassen, die aus den Interessen der drei Fächer an der 1848-Revolution entwickelt werden sollten. Als nächstes planten wir um den „Tag der deutschen Einheit" am 3.10. eine Lesung mit dem Titel „Von deutscher Freiheit und Einheit", bei der auch die ersten künstlerischen Arbeiten zum Thema „Freiheitsvorstellungen" präsentiert werden sollten. Und schließlich wurde als weiteres fächerübergreifendes Projekt eine Ausstellung zum Thema „Kampf der Zensur" angefertigt. Sie verdeutlichte, dass Künstler und Literaten der Obrigkeit in Deutschland seit dem Vormärz ein Dorn im Auge waren und daher mit Berufsverbot und Verfolgung zu rechnen hatten. Gleichzeitig sollten die Schülerinnen und Schüler auf künstlerische Weise die „Zensur zerstören". Zum Abschluss der Auseinandersetzung mit der Thematik „Revolution und Restauration" bereiteten wir eine Revue von Szenen aus dem Wiesbadener Leben um 1900 vor, die gesellschaftliche, künstlerische und politische Kontroversen der Zeit veranschaulichen sollte. Dabei schrieben die Schülerinnen und Schüler die Szenen weitgehend selbst und drehten einen Videofilm an verschiedenen Wiesbadener Schauplätzen.

Zur Durchführung von 12/1

Der Besuch der Ausstellung „1848 – Aufbruch zur Freiheit" erwies sich als sinnvoller Einstieg in die Thematik. Die Schülerinnen und Schüler analysierten und deuteten „ihre" Bilder und verstanden, dass Malerei als Medium im Kampf um Freiheit und Gerechtigkeit in Französischer Revolution, Vormärz und im Umfeld der 48-er Revolution in Europa genutzt wurde. Sie erfassten aber auch am Wandel der Germania-Allegorie, wie Kunst nach 1848 zur Förderung des Nationalismus dienstbar gemacht wurde. Der Fragehorizont war geöffnet. Im Fach Kunst wurden im Anschluss an den Besuch der Ausstellung Form und Wandel des künstlerischen Mittels der Allegorie sowie ihre Funktion für die Propagierung revolutionärer Inhalte ebenso analysiert und interpretiert wie Bilder von Jacques-Louis David[29], der den klassizistischen Stil für die Revolutionsthematik benutzte, und das „Freiheitsge-

---

29 Im Kunstunterricht wurden der „Ballhausschwur am 20. Juni 1789" und „Der Schwur der Horatier" interpretiert.

mälde“ von Delacroix[30], der mit seiner realistischen Romantik den Übergang zur Moderne in der Technik der Malerei darstellt. Außerdem arbeiteten die Schülerinnen und Schüler an der allegorischen Darstellung ihres eigenen Freiheitsbegriffs.

Abb. 24: Inka Lezius: „Freier Fall“ (Kreide, Okt. 1998). Frei – doch gebunden an die Regeln des Lebens

Abb. 25: Hanne Kottusch: „Untergang“ (Collage übermalt, Aquarell, Dez. 1998)

In Geschichte wurde das erwachende deutsche Nationalgefühl an Bildern und Denkmälern aufgezeigt. In Deutsch wurde die Lesung vorbereitet. Die Schülerinnen und Schüler bekamen einen Reader mit Texten und Gedichten aus dem 19. und 20. Jahrhundert, die Facetten deutscher Geschichte – Hoffnung auf Freiheit und Einheit sowie Scheitern der Hoffnungen – ausdrückten. Sie wählten Texte aus, die sie „inszenierten“ und interpretierten. Die Lesung vor drei eingeladenen Kursen als Publikum wurde ein Erfolg.

Anschließend stand im Fach Deutsch Schillers Konzept der Befreiung des Menschen im Vordergrund. Neben theoretischen Texten[31] wurde „Wilhelm Tell“ interpretiert und Schillers Ansatz der Befreiung des Menschen durch Versittlichung statt durch revolutionäre Tat diskutiert.

---

30 „Die Freiheit führt das Volk an – der 28. Juli 1830.“

Im November ging es um die Thematik „Industrialisierung und soziale Frage“. Die Behandlung des wirtschaftlichen und gesellschaftlichen Strukturwandels im Fach Geschichte wurde begleitet durch die Interpretation des Dramas „Die Weber“ und den Zyklus „Ein Weberaufstand“ von Käthe Kollwitz.[32] In Kunst wurde erarbeitet, wie bei Gustave Courbet die Bauern und Arbeiter „kunstwürdig“ werden und warum sein Realismus eine „Revolution“ in der Kunst auslöste.[33] Als praktische Arbeit beschäftigten sich die Schülerinnen und Schüler mit ihrem „Kampf gegen die Zensur“. Auf Wandzeitungen veranschaulichten sie die Zensur in der deutschen Literatur- und Kunstgeschichte (Karlsbader Beschlüsse, Verbot von Hauptmanns „die Weber“, NS-Bücherverbrennung und Verbot der „entarteten Kunst“).

Im Dezember stand in Geschichte die Politik und Gesellschaft des Kaiserreichs an. Durch Karikaturen von H. Daumier und Gedichte des Realismus erhielten die Schülerinnen und Schüler einen Eindruck von „Stimmungen“ und Beurteilungen Intellektueller – ätzende Kritik bei Daumier und Resignation, Rückzug bei Mörike, aber auch Freude an der Schönheit der Welt bei Keller. In Deutsch interpretierten wir Fontanes „Effi Briest“. Deutlich wurde dabei, welche Macht gesellschaftliche Strukturen und Erwartungen über die Menschen hatten.

Höhe- und Schlusspunkt des Halbjahres war die Herstellung des Videos: Szenen aus dem bürgerlichen Leben Wiesbadens in der zweiten Hälfte des 19. Jahrhunderts. Zu folgenden Themen arbeiteten je zwei SchülerInnen:

1. Der dritte März 1848 auf dem Wiesbadener Schlossplatz: Herzog Adolf bewilligt vor 30.000 Menschen die Forderungen der Nassauer
2. Ein Schiller-Denkmal oder ein Denkmal für Kaiser Friedrich III. – eine Diskussion in der Wiesbadener Öffentlichkeit
3. Frank Wedekind und die Zensur; Ort: Foyer des Staatstheaters
4. Gustav Freytag in Wiesbaden; Lieblingsautor des Besitzbürgertums, Nationalist und Antisemit; Besuch bei seinem Denkmal im Kurpark

---

31 Friedrich Schiller: Brief an den Herzog von Augustenburg (13.7.1793) und Die Horen; beide Texte in: Pelster, Theodor, Arbeitsbuch Deutsch/Literaturepoche Klassik, München 1990, S. 49 f. und 93 f.

32 Dieser Zyklus ist abgedruckt im Anhang von: Gafert, Karin, Die soziale Frage in Literatur und Kunst des 19. Jahrhunderts. Ästhetische Politisierung des Weberstoffes, Kronberg/Ts. 1973.

33 Vgl. seine Bilder „Die Steinklopfer“ (1849) und „Die Kornsieberinnen“ (1854).

5. Effi Briest und Rollo im Wiesbadener Kurpark – eine Szene aus Christiane Brückner: „Hättest du geredet, Desdemona“
6. Ein Rückblick auf die Zeit von 1848 bis 1910 – ein resignierter Bildungsbürger und ein junger Bohème unterhalten sich in einem Café
7. Courbet in Deutschland – ein deutschnationaler Kritiker und ein begeisterter Anhänger treffen im Museum aufeinander
8. Wilhelm II. hält vor dem Wiesbadener Kurhaus seine Hunnenrede
9. Pantomime: Richard Wagner erhält wegen Rauchens Kurparkverbot
10. Vertreterinnen der Frauenbewegung diskutieren über die Einstellung der Frauenbewegung zu einem möglichen Krieg – Gertrud Bäumer und Anita Augspurg 1913 in einer Wiesbadener Villa

Abb. 26: Ein Schiller-Denkmal oder ein Denkmal für Kaiser Friedrich III. – Bei den Dreharbeiten zu einem Videofilm in Wiesbaden.

Das Halbjahr 12/2 – Planung und Durchführung

Wichtige Bedingungsfaktoren unserer Planung stellten wieder die Lehrpläne in Kunst und Geschichte dar: In Kunst hieß das Rahmenthema „Theorie und Praxis visueller Medien“; in Geschichte ging es um die Weimarer Republik, den Nationalsozialismus sowie den Faschismus in Europa. Wir gelangten aufgrund der Betrachtung der Spannungen und Widersprüche deutscher Geschichte in der ersten

Jahrhunderthälfte – Etablierung der ersten Demokratie und Durchbruch der Moderne in der Weimarer Republik versus Zivilisationsbruch während des NS – zur zentralen Leitfrage: Ist das aufklärerische Streben nach Selbstbestimmung durch den Zivilisationsbruch während des Nationalsozialismus als Illusion entlarvt worden oder hat dieses Ziel auch heute noch Geltung für das Leben des Einzelnen? Welche Faktoren sind es, die menschliche Autonomie einschränken und zerstören können, welche sind es, die sie aufrechterhalten?

Zunächst hielten wir es für wichtig, dass die Schülerinnen und Schüler ihre Selbstsicht, die Sicht der anderen und ihre Lebensziele künstlerisch und literarisch veranschaulichten, um sich darüber klar zu werden, was Ziel ihrer Selbstverwirklichung sein sollte. Anschließend sollten sie im Geschichtsunterricht, beim Besuch des Konzentrationslagers Theresienstadt im Rahmen der Kursfahrt, beim Besuch von Stätten von Widerstand und Verfolgung in Wiesbaden sowie durch Lektüre von Irmgard Keuns Exilroman „Nach Mitternacht"[34] die Einschränkung und Zerstörung von Freiheit und Selbstverwirklichung während des Nationalsozialismus kennenlernen. Vorbereitung und Durchführung einer Gedenkveranstaltung an der Schlachthoframpe in Wiesbaden, dem Ort, wo 1943 die Deportationen der Wiesbadener Juden in das Konzentrationslager Theresienstadt und die Vernichtungslager begonnen hatten, dienten einer zusammenfassenden Reflexion und künstlerischen Veranschaulichung der Zeit des Nationalsozialismus in Bild und Wort. Diese Veranstaltung mit dem Titel „Historische Distanz und einfühlendes Erinnern" hatte das Ziel, des zeitlich fernen Geschehens am authentischen Ort zu gedenken, damit es nicht in Vergessenheit gerät.

In den letzten drei Wochen des Schuljahres schrieben die Schülerinnen und Schüler Texte, vor allem Gedichte[35], die ihre Eindrücke bei der Konfrontation mit Wiesbadener Opfern, Tätern und Widerstand Leistenden sowie mit den Orten von Verfolgung und Widerstand verdeutlichten. Sie verfremdeten Gedichte von Goethe und Schiller, die das klassische Ideal des sittlichen, vernünftigen Menschen und der Schönheit der Schöpfung entwarfen, indem sie ihre eigenen Gedanken und Gefühle hinsichtlich der Kapitulation klassischer Humanität

34 München 1980.

35 Anregung dazu von Gemmeke-Stenzel, Bärbel, Die Auseinandersetzung annehmen. Schreiben als Erinnerungsarbeit der Nachgeborenen, in: PG 6 (1995), S. 48-52.

während des Nationalsozialismus in die Gedichte montierten oder den Sprachduktus oder die Form verfremdeten.[36] In Kunst arbeiteten sie an Montagen ihrer Fotos, die der Illustration, Interpretation oder der Kontrastierung ihrer Texte dienten.

Die Präsentation der Collagen, der selbstverfassten Gedichte und der Quellentexte, die sich mit dem Schicksal von Wiesbadener Juden befassten, fand im neuen Schuljahr statt. Sie beeindruckten zahlreiche Zuschauer.

„Verfremdungen" des „Türmer-Gedichts" von Goethe im Rahmen des fächerübergreifenden Projekts „Historische Distanz und einfühlendes Erinnern":

Zum Sehen geboren
Zum Schauen bestellt
So viele Leben verloren
Graut' mir die Welt.
Ich blick' in die Kammern
Ich seh' in die Zellen
Leiden und Trauern
Schrein und Verzweifeln

So seh' ich in allem
Den ewigen Schmerz.
Und wie ich's so sehe,
zerreißt mir's das Herz
Ihr traurigen Augen,
Was je ihr gesehn,
Es dürfte nicht wahr sein
Und ist doch geschehen.

(Karla Bendix)

Lied des Soldaten

Zum Töten geboren
Zum Kommando bestellt
Dem Führer geschworen
vernichten wir die Welt.
Ich blick' in die Ferne
Seh' Juden dort in der Näh,

Geb' ihnen gelbe Sterne,
jag' sie wie ein Reh,
so zerstör' ich in Allem
Die ewige Zier.
Und wem's nicht gefallen,
so gefall' ich doch mir.

(Inka Lezius)

36 Folgende klassische Gedichte wurden bearbeitet: Johann Wolfgang von Goethe: „Das Göttliche", „Symbolum" und „Lied des Türmers", in: Bender, Ernst (Hg.), Deutsche Dichtung der Neuzeit, Karlsruhe o.J., S. 111 f., 129 f. u. 138; von Friedrich Schiller: „Worte des Glaubens", in: Bender, Dichtung, S. 158 f.

Zum Sehen geboren
Und doch verschließt ihr die Augen,
wollt die Wahrheit nicht wahrhaben!
Offen sollt ihr durch's Leben gehen,
doch ihr schaut nur in die Ferne,
erblickt in der Näh' nicht die Gräuel-
taten.

Verschleiert und verhüllt
Versprach er euch die Erlösung von
dem Bösen
Doch versuchtet ihr jemals dahinter
zu schauen?
Ihr hättet traurige Augen gesehen und
gefühlt,
dass jeder Mensch als erstes ein
Mensch ist.

(Vildan Michel)

Bei der Reflexion der Problematik – Geltungsanspruch aufklärerisch-klassischer Normen auch nach der Kapitulation der Zivilisation während des Nationalsozialismus? – wurde artikuliert, dass man den Geltungsanspruch der Klassik bejahte, aber Zweifel hegte, ob in Krisensituationen nicht doch das nackte Überleben den Menschen zum Wolf werden lasse. Die Methode, sich auf Einzelschicksale emotional einzulassen, empfanden die Schülerinnen und Schüler als gute Möglichkeit, einen Zugang zur NS-Zeit zu bekommen.

Referate

In Deutsch und Geschichte arbeiteten sich die Schülerinnen und Schüler – meist in Partnerarbeit – selbstständig in einen historisch-literarischen Themenkomplex ein, präsentierten ihre Ergebnisse vor der Lerngruppe und verfassten dazu eine längere Hausarbeit, wobei die Formalia wissenschaftlichen Arbeitens beachtet werden sollten.

Referatthemen

1. Die Auswirkung der Industrialisierung auf die Arbeiterfamilie – Arno Holz/Johannes Schlaf: Die Familie Selicke als Werk des Naturalismus
2. Die Frauen in der bürgerlichen Gesellschaft – Das Beispiel der Annette von Droste-Hülshoff
3. Die Gesellschaft im Kaiserreich – Heinrich Manns Roman „Der Untertan" als Spiegel und Kritik an der Gesellschaft im Kaiserreich
4. Die K.und K.-Monarchie vor dem Ersten Weltkrieg – Die Tschechoslowakei, Prag und Franz Kafkas Werk als Chiffre der Zeit
5. Lebensgefühl in Deutschland von dem Ersten Weltkrieg – das Selbstverständnis des Expressionismus am Beispiel der Lyrik

6. Auswirkungen des Ersten Weltkriegs auf Fühlen, Denken und Politikverständnis der Menschen – Arnold Zweig: Der Streit um den Sergeanten Grischa
7. Gesellschaftliche Entwicklung in der Weimarer Republik – Hans Fallada: Kleiner Mann – was nun? als Spiegel der Proletarisierung des Kleinbürgertums
8. Kurt Tucholsky – Journalist, Schriftsteller und Gesellschaftskritiker; Tucholsky in Wiesbaden 1929
9. Gleichschaltung der Literatur und Kunst während des Nationalsozialismus – Klaus Mann: Mephisto als Zeitzeugnis und Kritik an der Gleichschaltung
10. Die Emigration aus Nazideutschland – Situation der Emigranten im Ausland – Anna Seghers: Transit – die literarische Veranschaulichung der Exilsituation.

Folgende Bedingungen wurden der Lerngruppe gestellt:

- Das Thema ist in Partnerarbeit zu bearbeiten. Ziel ist die Herausarbeitung des Zusammenhangs von historischer Situation und Form und Inhalt der literarischen Werke.
- Das Thema ist vor der Klasse zu präsentieren und drei Wochen später als schriftliche Hausarbeit abzuliefern. Für die schriftliche Fassung gelten die Regeln der wissenschaftlichen Hausarbeit.
- Es wird eine Note im Fach Geschichte und im Fach Deutsch gegeben. Beurteilt wird im Fach Geschichte die inhaltliche Durchdringung des historischen Problems, in Deutsch die Interpretation der Werke vor dem Hintergrund der historischen Situation, in beiden Fächern die Herausarbeitung des Zusammenhangs zwischen Literatur und Geschichte.

Bei der Bewertung – es gab eine Deutsch- und Geschichtsnote – wurde Wert auf die Integration des historischen und literarischen Teils gelegt.

Präsentation und Hausarbeit gingen je zur Hälfte in die Note ein. Obwohl Präsentationen und Hausarbeiten eine hohe Anforderung darstellten, lernten die Schülerinnen und Schüler doch soviel, dass der Aufwand sich lohnte: Anwendung des fächerübergreifenden Blicks, Technik wissenschaftlichen Arbeitens, Praxis der Präsentation und Visualisierung – und nicht zu vergessen – viel Inhaltliches über den Zusammenhang zwischen historisch-gesellschaftlichem und literarischem Wandel.

Kursarbeiten mit fächerverbindendem Ansatz

In der zweiten Kursarbeit Kunst in 12/1 ging es um die Aufgaben der Kunst in der Französischen Revolution; in der zweiten Kursarbeit Geschichte in 12/1 war eine Auseinandersetzung mit Germania-Darstellungen[37] als Ausdruck politischer Propaganda gefordert. In der letzten Kursarbeit im Fach Geschichte in 12/2 wurde die Aufgabe gestellt, sich mit Bildern und Plakaten der Hitlerjugend und dem Bild von George Grosz „Stützen der Gesellschaft“[38] auseinanderzusetzen.

Erfahrungen mit dem fächerverbindenden und -übergreifenden Unterricht

Sicher ist diese Arbeitsform zeitaufwendig, was Kooperation, Planung und Vorbereitung betrifft. Für den Zeitaufwand wurden die betroffenen Lehrer aber entschädigt: Die Kooperationstreffen machten Spaß, man lernte Neues über die anderen Fächer und gewann neue Einsichten über das eigene Fach. Die Lehrer lernten vor allem vom Fach Kunst, wie man Erkenntnisse handlungsorientiert und ästhetisch gelungen umsetzt.

Es machte Freude zu sehen, wie die Lerngruppe mit der Zeit „Schubladendenken“ überwand, Zusammenhänge zwischen Kunst und Literatur erfasste und Fragen nach der Beziehung zwischen künstlerischer bzw. literarischer Form und dem geschichtlichen Hintergrund stellte. Besonders beim Schreiben der Video-Szenen wurde deutlich, dass die Lernenden die am Einzelfall ausgearbeitete Szene in Zusammenhang mit dem historischen Hintergrund sahen. Die Beschäftigung mit geschichtlichen Einzelschicksalen, gekoppelt mit der Methode des freien Schreibens und des bildnerischen Gestaltens, erwies sich als wichtige Ergänzung des Geschichtsunterrichts zum Thema Nationalsozialismus. Die Präsentationen vor einem Publikum stärkte das Selbstvertrauen.

Eine andere positive Erfahrung war, dass wir uns besser als bisher um die Schülerinnen und Schüler der Profilgruppe kümmern, Beobachtungen austauschen und gezielter intervenieren konnten, wenn sich jemand aus dem Unterrichtsprozess zurückzog. Gerade in Grundkursen merken die Lehrer oft zu spät, wenn ein Gespräch mit einer Schülerin/einem Schüler nötig ist.

---

37 Gall, Lothar (Hg.), 1848 – Aufbruch zur Freiheit. Ausstellung des Deutschen Historischen Museums und der Schirn Kunsthalle Frankfurt zum 150jährigen Jubiläum der Revolution von 1848/49, Frankfurt/M. 1998, S. 36 f. u. S. 433.

38 Abgedr. in: Geschichte und Geschehen A4 (Klett), Stuttgart 1997, S. 63.

Abb. 27: Gesellschaftlicher Wandel
Halbjahr 12/1: Revolution und Restauration

Zeitraum	LK Kunst	GK Geschichte	GK Deutsch	Projekte
September	I. Der neue Mensch - Die neue Kunst 1.1. Der alte Mensch - Die alte Kunst (Herrscherbilder im Absolutismus) 1.2. Kunst und Revolution (Goya, J.L. David, E. Delacroix) 1.3. Revolution und Bildende Kunst in Deutschland um 1848 (Karikaturen, Düsseldorfer Schule)	I. Bürgerliche Revolutionen im 19. Jh. 1.1. Merkmale des Feudalsystems 1.2. Die Französische Revolution und das Ende des Feudalsystems 1.3. Vormärz und 48er Revolution in Deutschland	I. Die Rezeption der Französischen Revolutionen in der deutschen Literatur 1.1. Kritik am Feudalsystem in Aufklärung und Sturm und Drang 1.2. Deutsche Intellektuelle und die Französische Revolution	8.9. 98 Exkursion in die Schirn: Aufbruch zur Freiheit (Arbeitsaufträge zur Thematik: Tradition und Revolution)
Oktober	1.4. Bezug der Revolutionsthematik auf die eigene Situation/ Praktische Arbeit		1.3. Friedrich Schiller: Wilhelm Tell 1.4 Politisierung der Literatur im Vormärz (entweder Lyrik oder H. Heine: Deutschland - ein Wintermärchen)	6.10. Lesung: Über deutsche Freiheit und Einheit - Lyrik des Vormärz und der Gegenwart - Präsentation von Schülerarbeiten aus Kunst
November	II. Die Industrielle Revolution und die soziale Frage in der Kunst 2.1. G. Courbet: Bauern und Arbeiter werden darstellungswürdig 2.2. H. Daumier: Sozialkritik und Realismus als Karikatur 2.3. K. Kollwitz: Weberzyklus	II. Industrielle Revolution und Soziale Frage in Europa	II. Sozialkritik im deutschen Drama: (n. G. Hauptmann: Die Weber)	(eventuell Video über die Ereignisse im März 1848)
Dezember	III. Die Entwicklung der Moderne als eine Antwort auf die revolutionären Gesellschaftsveränderungen (Impressionismus, Expressionismus)	III. Reaktionen auf die „Doppelrevolution“ 3.1. Kaiserreich und Obrigkeitsstaat 3.2 Imperialismus, Rassismus und Militarismus 3.3. Die Entfesselung des Ersten Weltkriegs	III. Romantik, Biedermeier und Realismus - Hinwendung zur Tradition und Destruktion der Tradition 3.1. Lyrik der Romantik 3.2. Lyrik des Biedermeier 3.3. Der realistische Gesellschafts-roman Fontanes (z.B. Effi Briest)	Fächerübergreifendes Projekt: Kampf der Zensur (Kunst, Deutsch)
Januar	IV. Modernisierung versus Tradition - Vom Zusammenhang der Entwicklungen in Kunst und Gesellschaft (Vertiefung, wenn möglich im Team Teaching). V. Reflexion des ersten Halbjahres - gemeinsame Planung des zweiten Halbjahres			■ Stadtrundgang und Video: Szenen aus dem 19. Jh. in Wiesbaden ■ Ausstellung: Kampf der Zensur

Abb. 28: Planungsskizze: Profil Kultur und gesellschaftlicher Wandel Halbjahr 12/2: Selbstbestimmung oder Kapitulation des Individuums

Zeitraum	LK Kunst	GK Geschichte	GK Deutsch	Projekte
Februar	Portraitfotographie und Malerei im Dialog: „Ich sehe mich und andere" - Realisierung eines subjektiven Konzepts der Profilgruppe	Die Weimarer Republik; ihr Janusgesicht zwischen Zuwachs an Freiheit und konservativer (Gegen)revolution bzw. „Kolonialisierung der Lebenswelt"	Menschenbild im Expressionismus (Referat); Selbstbilder in literar. Texten; freies Schreiben zu den Portraits: „Ich sehe mich und andere"	Erstellen der Portraitmappe; Ausstellung der Portraitphotos und Texte; Besuch des ZKM/Karlsruhe u. der Ausstellung über Violas Videokunst
März	Vorbereitung der Studienfahrt nach Prag: Bildreportagen zu: ■ Spurensuche in Theresienstadt ■ Auf den Spuren Kafkas ■ Das jüdische Prag damals und heute	Das Scheitern der Weimarer Republik; Die Tschechoslowakei, ihre Probleme und deren Wurzeln in der K.u.K.-Monarchie; Vielvölkerstadt Prag und das Zusammenleben von Tschechen, Juden und Deutschen	Franz Kafka als Diagnostiker seiner Zeit; Irmgard Keun: Nach Mitternacht - Physiognomie faschistischer Mentalität	
April	Erstellen von Fotoreportagen in Prag Vorbereitung einer Fotoprojektion an die Wand des Schlachthofs/ Wiesbaden (Ort der Deportation der Wiesbadener Juden)	Medien und Propaganda während des NS; Arbeit im HHStA: Denunziation und Widerstand während des NS in Wiesbaden	Freies Schreiben als Gedenkarbeit - Auseinandersetzung mit eigenen Empfindungen bei der Konfrontation mit Wiesbadener authentischen Orten und Deportationsfotos	Projektion an die Wand des Schlachthofs und Lesung der selbstverfassten Texte
Mai	„Unser Goethe" - Gestaltung von Goethe-Bildern mit Reproduktionscharakter-Parodien	Holocaust; klassische Humanität und Barbarei; das Tagebuch Victor Klemperers	Goethe: Faust; Die Deutschen und das „Faustische"- Zur Rezeption des „Faust"	Exkursion nach Weimar; Ausstellung „Unser Goethe"
Juni	Gestaltung des Programmheftes zur Aufführung von Polgar/Friedell: „Goethe" Reflexion des Halbjahres unter der Frage: Hat der Zivilisationsbruch das aufklärerisch-klassische Menschenbild als Illusion entlarvt? Welche Konsequenzen ziehen wir Nachgeborenen aus dem „Holocaust"?	Der 2. Weltkrieg als Vernichtungskrieg; Widerstand gegen den Nationalsozialismus Reflexion	Theatestück: „Goethe" von Alfred Polgar und Egon Friedell (1938) Abschlussreflexion	Aufführung des Sketchs: „Goethe"

Literatur: Victor Klemperer: Das Tagebuch. Eine Auswahl für junge Leser, Aufbau Verlag 1997, 14.90 DM
Irmgard Keun: Nach Mitternacht, dtv Taschenbuch, 9.90 DM

9. Geschichtskultur und Geschichtsunterricht

Eine vorrangige Aufgabe des Geschichtsunterrichtes in der Sekundarstufe II sollte sein, die Schülerinnen und Schüler zur aktiven Teilnahme an der gegenwärtigen Geschichtskultur anzuregen und zu befähigen. Dieses Ziel – geschweige denn seine interkulturellen Implikationen – spielt merkwürdigerweise in den Rahmenplänen für die gymnasiale Oberstufe (wenn überhaupt) nur eine geringe Rolle. In der Unterrichtswirklichkeit wird diese Aufgabe nach meiner Einschätzung wenig bewusst verfolgt, obgleich natürlich bereits der Geschichtsunterricht an sich sowie seine Themen, Medien und Methoden Teil der Geschichtskultur sind.

Was meint Geschichtskultur?

Geschichtskultur definiert der Geschichtsdidaktiker Jörn Rüsen[1] als „praktisch wirksame Artikulation von Geschichtsbewusstsein im Leben einer Gesellschaft". Bei den weiteren Überlegungen folge ich nur teilweise den einzelnen Bestimmungen von Geschichtskultur durch Rüsen, da mir manche zu wenig konkret und operationalisierbar erscheinen.

Rüsen versteht Fachwissenschaft, schulischen Unterricht, Denkmalspflege, Museen und andere Institutionen über ihre wechselseitigen Abgrenzungen und Unterschiede hinweg als Manifestationen eines übergreifenden gemeinsamen Umgangs mit der Vergangenheit. Er differenziert drei Dimensionen von Geschichtskultur: die ästhetische, die politische und die kognitive. Jede historische Erinnerung, also nicht nur künstlerische Manifestationen, sondern etwa auch Texte, enthalten eine ästhetische Dimension; ihr komme eine relative Eigenständigkeit (Autonomie) in der Sinnbildung des Geschichtsbewusst-

1 Rüsen, Jörn, Geschichtskultur, in: GWU 46 (1996), S. 513-521. Vgl. auch ders., Was ist Geschichtskultur? Überlegungen zu einer neuen Art, über Geschichte nachzudenken, in: Füßmann, Klaus; Grütter, Heinrich Theodor; Rüsen, Jörn (Hg.), Historische Faszination. Geschichtskultur heute, Köln–Weimar–Wien 1994, S. 3-26.

seins zu. Die politische Dimension der Geschichtskultur liege darin begründet, „dass jede Form von Herrschaft einer Zustimmung durch die Betroffenen bedarf, in der ihre historische Erinnerung eine wichtige Rolle spielt."[2] Daher präsentiert sich politische Herrschaft stets mit geschichtsträchtigen Symbolen. Umgekehrt kann sich in der politischen Dimension der Geschichtskultur etwa auch Herrschaftskritik oder Widerborstigkeit artikulieren. Die kognitive Dimension von Geschichtskultur schließlich wird vorrangig von den historischen Wissenschaften realisiert, die Geltungsansprüche methodisch reflektiert. Zu „Verwerfungen" in der Geschichtskultur käme es dann, wenn eine Dimension die andere zu instrumentalisieren versucht. Solche Verwerfungen könnten nur dann vermieden werden, wenn die historische Erinnerung – und damit die Sinnbildung – unter der Prämisse einer relativen Autonomie und einer wechselseitigen Kritik und Begrenzung der drei Dimensionen vorgenommen wird.

Gegenwärtig ist eine „Auswanderung des Sinns" aus dem Geschichtsunterricht in die außerschulische Geschichtskultur nicht mehr zu übersehen. Dort sind die Angebote spannender, es wird leidenschaftlicher über Geschichte gestritten. „Anstatt auf einem versteinerten Inhaltskanon zu beharren, sollte" – so der Geschichtsdidaktiker Hans-Jürgen Pandel – „Geschichtsunterricht lieber wahrnehmen, was außerhalb der Schule geschieht. Gegenstand müssten Themen der Geschichtskultur werden, um den Schülern und Schülerinnen eine Teilnahme am geschichtskulturellen Diskurs der Gegenwart zu ermöglichen."[3]

Mit den Schülerinnen und Schülern der Sekundarstufe II können und sollen Einzelaspekte von Geschichtskultur (Denkmäler, schulischer Unterricht, Kunstwerke, Filme, Parlamentsdebatten, Demonstrationen etc.) thematisiert werden. Dabei sollte deutlich werden, dass gegenwärtige Auseinandersetzungen mit der Geschichte stets implizit oder auch explizit Diskussionen um Streitfragen der Gegenwart und Zukunft darstellen, dass es also bei historischen Kontroversen und Debatten keineswegs einfach nur um einen „abgehobenen" Disput um – für sich genommen – letztlich reichlich belanglose Fragen der Beurteilung oder Deutung der Vergangenheit geht, sondern um auch politisch folgenreiche Gegenwartsinterpretationen und künftige Optionen.

2 Rüsen, Geschichtskultur, S. 515.

3 Pandel, Hans-Jürgen, Postmoderne Beliebigkeit? Über den sorglosen Umgang mit Inhalten und Methoden, in: GWU 50 (1999), S. 282-291, hier S. 290.

Geschichtskultur manifestiert sich in vielfältigen Formen in der Öffentlichkeit, in Leitartikeln, Kommentaren, Fernsehdiskussionen usw.

Die meisten deutschen Debatten kreisen um die NS-Zeit und deren Vorgeschichte, die erst seit wenigen Jahrzehnten genauer aufgearbeitet wird, andere gelten der Rolle der Nationalstaaten im Zuge der europäischen Integration, weitere der Frage der nationalen Identität (z.B. doppelte Staatsangehörigkeit), Multikulturalität, wieder andere dem Verhältnis von nationaler Souveränität und dem Anspruch von supranationalen Institutionen, aber auch der Frauen- und Geschlechtergeschichte.

Mögliche Einzelthemen

Bei den folgenden Vorschlägen könnte erörtert werden, in welcher Weise sich historische Streitfragen mit Problemen der Gegenwart verbinden, wie sich Vergangenheits- und Gegenwartsdeutungen durchdringen:

- Bewertung der Rolle der Wehrmacht im „Dritten Reich“[4]
- Bewertung von Desertion und von Deserteuren sowie deren finanzieller Entschädigung
- Kann man das den Vertriebenen zugefügte Unrecht mit dem vergleichen, das die Holocaust-Opfer erleiden mussten?
- Denkmal nur für die jüdischen Opfer des Holocaust oder für alle Opfer?
- Woraus speist sich der Widerstand gegen das Berliner Denkmal? (Eine schwierige Frage, da dieser Widerstand kaum differenziert be gründet wurde.)
- Geeignet sind ferner die großen Reden von v.Weizsäcker zum 8. Juli 1985, die Jenninger-Rede[5], die Debatte um die Paulskirchen-Reden von Martin Walser (Erinnerung an den Holocaust) oder Jan Philipp Reemtsma (zur Ausstellung „Verbrechen der Wehrmacht“).

---

4 Vgl. hierzu etwa die Beiträge in Praxis Geschichte 2 (1999). Zu diesem und zu den folgenden Themen findet eine lebhafte und bekennerfreudige Diskussion im Internet statt. Die zahlreichen Quellen wie aktuellen Diskussionsbeiträge unterschiedlichster Provenienz laden geradezu zu einer offenen Auseinandersetzung ein.

5 Vgl. hierzu z.B. Laschet, A.; Malangre, H. (Hg.), Philipp Jenninger. Rede und Reaktion, Aachen–Koblenz 1989.

Andere Themen

- Warum taten sich viele deutsche Politiker so schwer mit der Entscheidung, sich beim Kosovo-Krieg auch militärisch zu beteiligen? Warum fällt gerade den Deutschen bei der EU-Osterweiterung (etwa bei Polen) eine Schlüsselstellung zu? Welche nationalen Vorbehalte oder stereotypen Wahrnehmungsmuster sind hier wirksam?
- Warum nahmen alle deutschen Regierungen seit 1949 zum Thema „Todesstrafe" eine so dezidierte Position ein?

Zu diesen oder zu ähnlichen gegenwärtig diskutierten Themen können die Schülerinnen und Schüler selbst Materialien im Internet suchen und sammeln, vorstellen und kommentieren. Materialien, die sie selbst entdecken, haben für die Schülerinnen und Schüler einen wesentlich höheren Stellenwert als die Texte, die der Lehrer in den Unterricht mitbringt. Man sollte diesen Eifer positiv würdigen und kontroverse Einschätzungen von Geschichte und Gegenwart aufgreifen, denn Geschichte ist eben kein System aus feststehenden Daten und Fakten, sondern ein Deutungsgeschäft, das sich auch auf Unsicherheiten und Ungewissheiten einlässt und bei dem die Plausibilität von Aussagen erwogen werden muss. Der Lehrer sollte hier auf keinen Fall in die Rolle eines „Richters" schlüpfen, sondern seine Position als die eines (vielleicht kompetenten) Diskutanten relativieren.

Texte zur gegenwärtigen Erinnerungskultur

Die folgende Textauswahl soll eher Aufforderungscharakter haben, selbst Materialien zur Geschichtskultur zu sammeln und im Unterricht einzusetzen.

1. Zur Debatte um Martin Walsers Friedenspreisrede (Oktober 1998)[6]

Angesichts des Nachdrucks, mit dem Walser immer wieder die Erinnerung an die Verbrechen des Nationalsozialismus zu einer ganz persönlichen Angelegenheit gemacht hat, zu einer Gewissenssache, in die niemand hineinzureden habe, erübrigen sich weitere Belege [für Walsers ‚Autismus

---

6 In dieser Rede befasste sich Walser kritisch mit der demonstrativen öffentlichen Erinnerung an den Holocaust.

der Erinnerung']. Die Paulskirchenrede und das Gespräch mit Bubis (FAZ, 14.12.1998) bieten eine schon fast peinliche Fülle davon. Der Missbrauch, den Walser mit dem Begriff des Gewissens treibt, springt ins Auge. Nicht nur benutzt er ihn als immer verfügbares Immunisierungsmittel gegenüber anderen Auffassungen, deren bloße Anwesenheit offenbar schon das eigene Gewissen nötigt, sondern er möchte ihm noch das austreiben, was die Rede vom Gewissen nur sinnvoll macht. In allen Vorstellungen von Gewissen von Paulus über Luther und Kant bis Freud ist es gerade nicht der Ort, an dem einer nur mit sich allein ist und niemand ihm dreinrede. Im Gegenteil: Nichts verdiente mehr als Ort des Dreinredens bezeichnet zu werden als das Gewissen. (...) Das Bild vom forum internum, einer inneren, aber im Innern öffentlichen, also widerstreitenden Argumenten zugänglichen Verhandlung, drückt anschaulich aus, dass Gewissen keine solipsistische Veranstaltung ist, sondern innerer Diskurs, der ohne die Themen, Motive und Normen des gesellschaftlichen Moraldiskurses nicht denkbar ist. (...) Vor dieser Frage des öffentlichen Diskurses will Walser offenbar das innere Gespräch seines Gewissens (...) abdichten. (...) „Herr Bubis, das sage ich Ihnen: Ich will meinen Seelenfrieden, verstehen Sie? Und wie ich ihn kriege, das ist in mir, das ist mein Gewissenshaushalt. Und da lasse ich mir von niemandem, auch nicht von Ihnen, dreinreden. Mein Gewissen bleibt mein Gewissen. Oder ich pfeife darauf, dann schenke ich es Ihnen." (FAZ, 14.12.1998).
(Steffens, Gerd, Martin Walser oder die Unberührbarkeit des Glücks, in: Blätter für deutsche und internationale Politik 4 [1999], S. 486-494, hier S. 493 f.)

2. Problematik der gegenwärtigen Erinnerungskultur

Die Sehnsucht des Mitläufers nach dem Schlussstrich
(...) Die Bundesrepublik rüstet zum Supergedenkjahr, zentriert um das Datum des Kriegsendes am 8. Mai 1945. Im Überangebot der fünfzigsten Jahrestage drängen sich die Probleme kollektiven Gedenkens auf engstem Raum. Alle reden vom Erinnern. Aber die Erinnerung an das, was damals geschah, wird von vier Furien des Verschwindens gehetzt.
Zum einen wird es ein mediales Überangebot von Rückblicken und Dokumentationen, Interviews und Talkshows, Ansprachen und Gedenkfeiern geben. Das ist unvermeidlich. Aber ist es auch gut? Wann ist der Punkt erreicht, an dem Überfluß in Überdruß umschlägt? Wird 1995 womöglich zum Jahr des Schlußstrichs mit anderen Mitteln?

Zum zweiten macht sich in jüngster Zeit Skepsis breit. „Was bedeutet es", frage Dirk Schümer in der FAZ, „wenn das Gedenken inflationär wird und die deutsche Geschichte in einem nachträglichen Bußwettbewerb kulminiert, der von Selbstgerechtigkeit nicht frei ist?" Die Provokation richtet sich gegen die ritualisierten Formen öffentlichen Gedenkens. Sind sie noch geeignet, Zugänge zur Vergangenheit zu eröffnen?
Ein drittes kommt hinzu. Die Erinnerungen an Krieg, Vernichtung und Gewalt verblassen im Generationswechsel. Die biographisch verbürgte Kontinuität zwischen jener Vergangenheit und unserer Gegenwart reißt ab. Was erinnern die Nachgeborenen? Die Erzählungen der Eltern, das angelernte Wissen und – nicht zuletzt – die mediale Präsenz von Geschichte. Auch vor die Vergangenheit, die nicht vergeht, schiebt sich dieser Filter.
Schließlich, viertens, wandeln sich die Kontexte des Erinnerns und Gedenkens. Nach den Umbrüchen von 1989/90 wird anders und anderes erinnert als vorher. Zum Beispiel in Deutschland. „Könnte es nicht sein", fragte Saul Friedländer, „daß die massive und plötzliche Verwandlung der Welt und die radikale Veränderung, die sie für den Lauf der deutschen Geschichte gebracht hat, zu einer radikalen und vollständigen Historisierung der Nazi-Epoche durch die Geschichte selbst führten? Und würde dies nicht die Derealisierung der Vergangenheit in der Geschichtserinnerung unserer Zeitgenossen bedeuten?"
Die „alte" Bundesrepublik ist zum Pufferstaat zwischen der Gegenwart und der NS-Vergangenheit geworden. Die Erinnerung wird magisch von den fünfzig guten Jahren dazwischen angezogen. „Wir sind schon einmal davongekommen" formulierte der Spiegel in Anspielung auf die Gegenwartsprobleme der deutschen Vereinigung. Erinnerung, die beruhigen soll. (...)
(Naumann, Klaus, Die Sehnsucht des Mitläufers nach dem Schlußstrich, in: Die Zeit, Nr. 6 v. 3.2.1995.)

3. „Linke" Erinnerungen an den Terrorismus

Die mediale Offensive zu 20 Jahren Deutscher Herbst hat eher eine Remythologisierung als historische Aufklärung befördert. Ein Resümee:

Phantomschmerz RAF
1977 hat es die „Offensive '77" gegeben, die von der Ermordung Bubacks bis zur Hinrichtung Schleyers führte – 20 Jahre später haben wir die Medienoffensive 1997 erlebt. Kein Fernsehkanal, kein Magazin, keine Zei-

tung, die auf eine schaurig-voyeuristische Redramatisierung der Schleyer-Entführung verzichten wollte. Es begann mit Breloers „Todesspiel", dann folgten die Serien im Spiegel und in der Zeit, das taz-Journal, das Magazin der Berliner Zeitung, die Dokumentationen in ZDF und ARD. Und Peter-Jürgen Boock als Kronzeuge everywhere. Das Quasidokumentarische gibt sich als Beitrag zur Entmythologisierung und ist doch zugleich auch Teil einer Remythologisierung. Früher hat der Staat möglicherweise die RAF gebraucht, um seinen Apparat an ihr beweisen zu können. Heute scheinen die Massenmedien die Negativaura der RAF zu benötigen. In einer Republik, die an politischer Langeweile zu ersticken droht, setzen TV-Anbieter und Zeitgeist-Magazine auf das Exzeptionelle. Entführung, Raub, Mord und Terror gehören ohnehin zu ihrem Alltagsgeschäft – politisch eingebunden wird das Ganze jedoch zum zeitgeschichtlichen Beitrag mit Aufklärungsanspruch geadelt.

Das Konzept Stadtguerilla stammt, daran ist kein Zweifel, aus dem Zentrum der Neuen Linken. Die Antiautoritären im SDS haben es, wenn nicht erfunden, so doch adaptiert. Dutschke und Krahl, die unbestrittenen Matadore jener Tage und beide ehemalige Heideggerianer, hatten Ché Guevaras Fokustheorie auf die sogenannten Metropolen übertragen wollen. Doch was bei ihnen kaum mehr als ein verwegener Entwurf war, daraus machten Genossen aus dem dritten Glied Ernst. Als die Kaufhausbrandstifter im Oktober 1968 verurteilt wurden, rief Dany Cohn-Bendit in den Gerichtssaal: „Die gehören zu uns." Baader & Co. waren, auch wenn sie von der Peripherie her kamen, integraler Teil der studentenbewegten Linken.

Legitimationsunfähig war die RAF von Anfang an. Ihre Kader, die Hypermoralistin Ulrike Meinhof allen voran, hat dieses Defizit, in dem der politische und moralische Bankrott vorgezeichnet war, nie gestört. Bereits die Baader-Befreiung war als gewaltsamer Gründungsakt symptomatisch. Sie war eine Mißgeburt, die einen Unbeteiligten beinahe das Leben gekostet hätte. Indem die Flucht nach vorn angetreten wurde, mußten auch die Fäden zu ihrem Umfeld gekappt werden. Die RAF hatte sich mit ihrem Start zugleich aus der linken Szene herauskatapultiert. Arrogant entzog sie sich jeglicher Öffentlichkeit und forderte von den in der Legalität Verbliebenen um so drakonischer Solidarität ein.

Die radikale Linke war der RAF regelrecht auf den Leim gegangen, sie hing an ihren Gewalt- und Machtphantasien wie an einem Fliegenfänger. Aus ihrer Perspektive war der Kampf zwischen dem Staat und den RAF-Kommandos ein Stellvertreterkrieg. Der Staat wahrte die Interessen des Kapitals, die RAF die der radikalen Linken. Aktionen der Guerilla waren Ersatzhandlungen, die die soziale Isolation und die politischen Mißerfolge im angestrebten Klassenkampf kompensieren mußten. (...)

Für den Großteil der radikalen Linken war die RAF kaum etwas anderes als ein Phantom, das durch die Medien geisterte. Nicht eingreifen, nur zuschauen konnte die Devise heißen. Und zugleich vermittelte sie so etwas wie einen Phantomschmerz. Vom bewaffneten Arm war kaum mehr als ein diffuses Stechen zu verspüren. (...)
Auch 20 Jahre nach dem Deutschen Herbst gibt es immer noch eine verschwiemelte Identifikation mit Resten der RAF. Die Konjunktur einer mythologisierenden, halb heroisierenden Erinnerungskultur ist Ausdruck davon: Die Memoiren von Til Meyer, Inge Viett und Irmgard Möller signalisieren vor allem eines, den Wunsch, festhalten zu wollen, wo es – außer einer beschädigten Biographie – nichts festzuhalten gibt. Mit Oliver Tolmeins Hilfestellung könnte Irmgard Möller zur Person gewordenen Stammheim-Lüge geworden sein. Sie, die einzige Überlebende der Todesnacht, hält eisern daran fest, daß es Mord und nicht Selbstmord gewesen sei. Warum aber hätte ein staatliches Mordkommando eine Zeugin am Leben lassen sollen?
Das Komplement zur Mordthese könnte auf seiten des Staates die Behauptung sein, daß sich Wolfgang Grams in Bad Kleinen selbst getötet habe. Aber warum ist der damalige Bundesinnenminister Seiters eigentlich zurückgetreten, wenn der Einsatz auf dem Bahnsteig Rechtens war? Hartnäckig hält sich noch immer das Gerücht, es gebe eine Videoaufzeichnung des Geschehens, die Seiters 1993 zum Rücktritt bewogen habe. Tote in Stammheim – Tote in Bad Kleinen, hier Mord, dort Selbstmord, Nachfragen sinnlos, die Versionen sind nach wie vor unantastbar. Die Identitätskrücken scheinen immer noch nicht fortgeworfen werden zu können.
Wolfgang Kraushaar
(TAZ, Nr. 5385 v. 18.11.1997)

Der folgende Text eignet sich besonders dafür, in der Erinnerung an den Widerstand des 20. Juli 1944 gegenwärtige politische Legitimationsbedürfnisse der Bundeswehr und der neuen deutschen Außenpolitik zu identifizieren und zu diskutieren.

4. Deutsche Erinnerungspolitik 1999

Einige Notizen anlässlich des heutigen Bundeswehrgelöbnisses im Berliner Bendlerblock, von Stefan Reinecke:
In der deutschen Erinnerungspolitik existieren derzeit drei Strömungen: eine ältere, zwei neueren Datums. In der „alten", dem Links-Rechts-Schema verhafteten, ging es darum, dass sich die beiden Lager in der Vergangenheit spiegelten und damit das eigene Selbstverständnis begründeten.

Besonders krass war diese Tendenz stets in Bezug auf den deutschen Widerstand: In der DDR-Sicht verengte sich der Widerstand auf einen heroischen kommunistischen Kern, die anderen, etwa die Attentäter des 20. Juli, wurden unter „ferner liefen" verbucht. Im Westen herrschte, zumindest bis zu Weizsäckers Rede 1985, spiegelverkehrt ein ähnliches Bild. Die große ideologische Schlacht am Beispiel des 20. Juli nachzuspielen, gelang zuletzt einigen Konservativen, angeführt von dem Ex-CSU-Abgeordneten Franz Ludwig Graf Schenck von Stauffenberg. Sie kritisierten, dass in der Ausstellung zum Deutschen Widerstand im Bendlerblock, wo 50 Jahre zuvor der Hitler-Attentäter Stauffenberg hingerichtet worden war, in ein paar (von 1.300!) Exponaten Ulbricht erwähnt wurde. Dies war eine Art Schlussfanfare jener engherzigen, narzisstischen „alten" Geschichtsauffassung, in der es stets gute und schlechte Widerständler geben muss. (...)
Eigentlich ist man schon weiter. In den letzten Jahren ist in der Gesellschaft ein neues reflektiertes erinnerungspolitisches Verständnis gewachsen, das die Fallen der Identitätspolitik kennt. Das hängt gewiss mit dem Ende des Kalten Krieges und der beiden deutschen Staaten zusammen – die Haltung zur Nazi-Geschichte ist seitdem ein Stück weit aus dem machtpolitischen Getriebe herausgelöst. (...)
Vor allem aber ist dieses neue Erinnerungsverständnis das Ergebnis einer „Historisierung". Der Holocaust taugt nicht mehr als Schauplatz, um sich in einem Generationskonflikt zu positionieren, er taugt nicht mehr als Identitätsmuster im ödipalen Kampf. (...) [Es wuchs die Erkenntnis]: dass es kein richtiges Erinnern gebe, das den Opfern gerecht würde, und dass sich der Holocaust der Darstellung entziehe. (...) Und das Gelöbnis im Bendlerblock? Es gibt zwei gewichtige Argumente dagegen, ein prinzipielles, ein konkretes. Allgemein kann man mit Recht fragen, ob eine zivile Demokratie solche trommelwirbelgestützten Rituale braucht, die durchaus an den deutschen Militarismus erinnern. Auch dass „Recht und Freiheit des deutschen Volkes tapfer" verteidigt werden muss und dass gelobt wird, „der Bundesrepublik treu zu dienen", verrät eine Offenheit gegenüber völkischen Traditionen.
Der konkrete Ort dieses Gelöbnisses spiegelt zudem die Zwiespältigkeit rot-grüner Geschichtspolitik. Denn der Bendlerblock ist ein Platz mit doppelter Bedeutung. Hier wurde vor 55 Jahren Graf Stauffenberg erschossen – freilich plante hier zuvor das Oberkommando des Heers den Vernichtungskrieg gegen Polen und Russland. Das Gelöbnis an diesem Ort fügt sich in den rot-grünen Versuch, die Bundeswehr in eine unverdächtige Tradition zu stellen. Ein zweifelsfreies Bekenntnis gegen die Wehrmacht ist es nicht.

Mutig wäre es gewesen, das Bundeswehrgelöbnis – wenn man es schon nicht abschaffen will – in Plötzensee abzuhalten. Dort wurden Gegner des Naziregimes gefangengehalten und malträtiert, dort wurde das Gros der Verschwörer des 20. Juli hingerichtet. Dies wäre der Ort gewesen, um ein eindeutiges Zeichen für das Recht zu setzen, mit dem Eid brechen zu dürfen, wenn er Soldaten an ein verbrecherisches Regime kettet.
Der Bendlerblock passt zu dem rot-grünen Wechsel in Sachen Erinnerungspolitik. Man will eine mit moralischen Traditionen ausgestattete Bundeswehr – allerdings ohne neue, plakative Symbole wie ein Gelöbnis in Plötzensee. Diese moderate Ehrung des Widerstands orchestriert natürlich auch Scharpings bewaffnete Menschenrechtspolitik: Es ist legitim, gegen Tyrannen zu kämpfen – hier und andernorts.
Da kündigt sich eine neue, dritte, erinnerungspolitische Strömung an, die moralisch und staatstragend sein will. Früher, in der alten Bundesrepublik, diente der Rückgriff auf die Nazivergangenheit den Grünen, aber auch Teilen der SPD dazu, den Generalvorbehalt gegen den deutschen Staat zu pflegen. Die Zeiten sind vorbei. Mit Scharpings moralischem Tremolo im Kosovo-Krieg ist ein neuer, schiefer Ton in der Erinnerungspolitik eingezogen. Die militärische Normalisierung des vereinigten Deutschland ist mit Auschwitz-Vergleichen gepflastert.
Die neue, rot-grüne staatliche Erinnerungspolitik bewegt sich jenseits der alten Links-rechts-Gräben. Freilich geht sie ebenso gedankenlos wie früher ans Werk, wenn es gilt, Tagespolitik historisch zu legitimieren. Was der rot-grünen Geschichtspolitik bislang fehlt, ist jeder Anflug von Selbstreflexion. Es ist die alte Identitätspolitik mit neuen Zielen. Ihre schlichte Botschaft lautet: Keine Bange, wir sind die Guten.
(TAZ, Nr. 5890 v. 20. Juli 1999)

5. Vergleich der Vergangenheitsbewältigung in europäischen Diktaturen

Höchst aufschlussreich ist der Vergleich, wie in Ländern, in denen bis und nach 1945 faschistische oder stalinistische Diktaturen herrschten, mit der Vergangenheit umgegangen wird. In dem folgenden Text von Christian Semler werden auch aktuelle Motive dieser Vergangenheits- oder Geschichtspolitik akzentuiert:
Die Demokratie braucht die Erinnerung. Historiker aus fünf Ländern debattierten in Lissabon über das, was die Zeiten der Diktatur im kollektiven Gedächtnis hinterlassen haben, über Erinnerungskultur und über den Umgang mit dem „Aktenerbe“.

Zwei Faktoren garantieren Glück im Alter: gute Gesundheit und ein schlechtes Gedächtnis. Trifft diese Weisheit vielleicht sogar auf Gesellschaften im Umgang mit ihrer Vergangenheit zu? Das war eine der Fragen, um die es auf einer internationalen Konferenz vorletzte Woche in der portugiesischen Hauptstadt Lissabon ging. Das dortige Goethe-Institut hatte unter dem Generalthema „Diktatur und Erinerung" Spezialisten aus fünf ehemaligen Diktaturen, aus Portugal, Spanien, Italien, Polen und Deutschland eingeladen.

Ein weiter Bogen wurde gespannt von der Geschichtsschreibung über kollektives Reden bzw. Beschweigen der Vergangenheit bis zur praktischen politischen Frage: Akten zu oder Akten auf – und wenn ja, für wen? Erwartungsgemäß stellte sich heraus, daß Vergleichen immer gut, aber Gleichsetzen fast immer unmöglich ist. Die deutsche Delegation, zusammengesetzt aus Abgesandten des Bundesarchivs, der Gauck-Behörde sowie Lutz Niethammer, dem Meisterdenker der „Oral History", enthielt sich unserer Nationaluntugend, der Belehrungswut. Die Konstruktion der Gauck-Behörde, die Entstehungsgeschichte und der liberale Zugang zum Bundesarchiv wurden konzis dargelegt, freie Akteneinsicht der Wissenschaftler und (im Fall der Gauck-Behörde) der Opfer demokratisch fundiert.

Vom „deutschen Modell" wurde aber, wenn überhaupt, nur in kritisch-historischem Zusammenhang geredet. Denn der offene, selbstkritische Geist im Umgang mit zwei Diktaturen kam nicht so ganz aus eigener Einsicht. Er verdankt sich ursprünglich den wachsamen Augen der Siegermächte und der Opfer. Erst später, in den 60er Jahren, mit der Rebellion der 68er gegen das Schweigen der Nazi-Väter, wurde die „Internationalisierung" deutscher Geschichtsbetrachtung als Gewinn begriffen. Wie auch die Einrichtung der Gauck-Behörde ursprünglich von den DDR-Bürgerbewegten als Chance gesehen wurde, die „kalte Amnestie" der Zeit nach dem Ende des Nazismus nicht zu wiederholen.

Die Beschäftigung mit der eigenen Geschichte nach 1945 in beiden deutschen Staaten, so Lutz Niethammer, wird nur verstehbar, wenn man sie in die Systemauseinandersetzung Ost/West einordnet. Wo dieser Gegensatz fehlte oder weggefallen war, wie in Süd- oder Osteuropa nach dem Ende der Diktaturen, wurde die jeweilige innenpolitische Konstellation bestimmend für die „Aufarbeitung" der Vergangenheit. Also keine deutsche Exportwerbung.

Warum eigentlich Lissabon? Außer der immerwährenden Schönheit der Stadt gab es einen konkreten politischen Anlaß. Es geht um die Freiheit des Aktenzugangs in Portugal. Seit die Sozialisten dort wieder an der Macht sind, hat sich der äußerst restriktive Zugang zu den Dokumenten der klerikal-faschistischen Diktatur gelockert. Im Nationalarchiv „Torre do Tombo" ist im Prinzip jetzt beispielsweise einsehbar, was von den Materialien der portugiesischen Stasi, der PIDE/DGS, übrigblieb. Denn der Aktenbestand wurde von der PIDE selbst, von an Erpressung interessierten Kreisen oder von Andenkenjägern seit den Tagen der Nelkenrevolution geplündert. Eine Spitzelkartei existiert nicht mehr. Ist dieses Archiv immerhin geordnet, so drohen die Aktenberge der diktatorischen Massenorganisationen zu verschimmeln.

Aber nicht der Mangel an Geld und Personal steht im Zentrum der Auseinandersetzung in Portugal. Unter Berufung auf zwei Gesetze aus den Zeiten der Diktatur weigert sich die Militärführung, die Akten des Kolonialkrieges herauszurücken, den Portugal in den 60er und frühen 70er Jahren gegen seine afrikanischen „Besitztümer" führte. Diese Akten, aus denen rekonstruierbar ist, mit welchen barbarischen Methoden der „lusitanische Popanz" seine Besitzstände verteidigte, sind nur für ausgewählte Zwecke und Personen verfügbar. Ein von Professor Fernando Rosas, dem Vorkämpfer an der Archivfront, als kriminell qualifizierter Willkürakt. Dies um so mehr, als es gerade die Erfahrung des Kolonialkriegs war, die die jungen Offiziere zur Aprilrevolution von 1974 trieb. (...)

Nach dem April 1974 wurden der Geheimdienst und die faschistischen Organisationen verboten, den Staatsapparat und das Militär traf eine allerdings nicht sehr konsequente Säuberung. Aber hat dieser Bruch, diese offene, damals von einer Massenbewegung getragene Abrechnung, wirklich dazu beigetragen, das demokratische Bewußtsein zu schärfen, etwa im Verhältnis zum iberischen Nachbarland?

Die Entwicklung in Spanien nach Francos Tod liest sich wie ein Kontrastprogramm zur portugiesischen Erfahrung. Unter der Regierung von Adolfo Suarez, dem ehemaligen Führer der faschistischen Falange-Jugend, vollzog sich der Übergang zur parlamentarischen Demokratie ohne Volkserhebung, ohne Abrechnung, ohne Katharsis. Ein risikoreiches Manöver unter der Leitung eines Politikers, der seinen ehemaligen faschistischen Gesinnungsgenossen hinwarf: „Das Wort Verrat läßt mich kalt." (...)

Dieses Trauma des Bürgerkriegs brachte es mit sich, dass Frühpensionierung das Schlimmste war, was einem ehemaligen Henkersknecht zustoßen konnte. „Nie wieder Bürgerkrieg!" – deshalb keine Strafen, keine Säuberungen. Selbst die Symbole des triumphierenden Franquismus blieben bis in die 80er Jahre unberührt.

Hippolito della Torre Gomez, ebenfalls aus Madrid, wies auf dem Seminar nach, daß die in der späten Franco-Zeit propagierten Werte wie Ordnung, ökonomische Dynamik und sozialer Friede auch das Massenbewußtsein der Nach-Franco-Zeit bestimmten. Die Franquisten hatten behauptet: Für Spanien gibt es zu unserem Regime keine friedliche Alternative. Als

die parlamentarische Demokratie den Übergang ohne Blutvergießen zustande brachte, verschwand der Franquismus in einem schwarzen Loch. 1975, ein Jahr vor Francos Tod, wurde von 80 Prozent der Befragten über die Zeit seit 1939 ein positives Urteil abgegeben. Zehn Jahre später waren es nur noch 15 Prozent. (Zum Vergleich: eine internationale Untersuchung über die Wertung von Diktaturepochen erbrachte für Griechenland 1985 60 Prozent positive Wertung der Periode von 1967 bis 74).
Folge des unblutigen Übergangs war, daß die Unterdrückungsorgane der Franco-Zeit nicht aufgelöst, zum Teil nicht einmal reformiert worden sind. Erst recht gibt es keinen freien Zugang zu den Archiven, selbst nicht zu den offiziösen, wie dem persönlichen Archiv Francos. Das rundum positive Resümee der spanischen Gelehrten, „in Portugal war die Reform blockiert, in Spanien reformierte sich das Regime selbst", stieß in der Diskussion auf Widerspruch. Wirken die mentalen Strukturen des Franco-Regimes nicht gerade deshalb nach, weil sie verblassen? Oder war umgekehrt der Übergang für den Franquismus gerade deswegen zerstörerisch, weil er friedlich vor sich ging? Fernando Rosas akzentuierte die „portugiesische Linie": „Man redet bei euch in Spanien nicht über Archive, nicht über Gedenkstätten. Bleibt das so, dann hat das Franco-Regime einen späten Sieg davongetragen."
Die spanische und der portugiesische „Weg" waren stets präsent gewesen in den Diskussionen des polnischen demokratischen Lagers unter dem Realsozialismus. Schon in den 70er Jahren lehnte sich Adam Michniks „friedlicher Evolutionismus" an das spanische Beispiel an. Tatsächlich hat der „runde Tisch" in Polen 1989 schließlich zum Ende der realsozialistischen Herrschaft geführt, ohne daß die Verantwortlichen für Unterdrückung und Mißwirtschaft zur Rechenschaft gezogen worden wären. Unter den demokratischen Regierungen der Zeit nach 1989 wurde die Politik des „dicken Schlußstrichs" praktiziert, nach der zwar der Geheimdienstapparat gesäubert und vereinzelt Strafprozesse wegen schwerer Verbrechen durchgeführt wurden, aber die Akten unter Verschluß und führende Sicherheitsleute im Amt blieben. Im Unterschied zu Spanien erregte dieser Umstand die Öffentlichkeit, besonders den konservativ-nationalistischen Teil des Ex-Solidarnosc-Lagers, das nach „Lustration" (Durchleuchtung) und „Dekommunisierung" rief. (...)
(TAZ, Nr. 5257 v. 20.6.1997)

10. Schlüsselprobleme: Curriculare und thematische Schwerpunkte für den Geschichtsunterricht in der Oberstufe

Im „Bericht des Geschäfteführenden Vorstandes [des Verbands der Geschichtslehrer] über seine Amtszeit von Oktober 1992 bis September 1994“[1] finden sich u.a. folgende bemerkenswerte Feststellungen: „Leider kann der Vorstand nicht vermelden, daß sich die Lage des Geschichtsunterrichts verbessert habe; im Gegenteil: Die Tendenzen gegen den Geschichtsunterricht haben sich seit 1992 verstärkt. Folgende Faktoren lassen den Vorstand zu der nicht erfreulichen Feststellung kommen: (...)
3. Die politische Setzung von Schlüsselproblemen nach Klafki droht dem Geschichtsunterricht den Wissenschaftsbezug zu nehmen.“ Dazu führt dieser Bericht näher aus:
„Die Teilnahme unserer Jugend an der öffentlichen Diskussion über Geschichte wird noch auf eine andere Weise behindert: Die zunehmend von immer mehr Ländern postulierte und durchgeführte Setzung der allen Unterricht bestimmenden Schlüsselprobleme soll zu einem unmittelbaren gesellschaftlichen Handlungsbezug führen. Das macht die Geschichte, vornehm gesagt, zu einer Exemplumgeschichte, deutlich gesagt, zu einem Steinbruch, aus dem man sich jene Steine holt, aus denen die Kathedrale einer fortschrittlichen, konfliktfreien, auf absoluter Gleichheit beruhenden Gesellschaft gebaut werden soll. Abgesehen davon, daß so Geschichtsbewußtsein nicht entsteht, allerdings eine Fülle von Geschichtsbildern, atomisieren sich durch die Subjektivierung der Geschichtsinhalte und deren freie Verfügbarkeit durch Fachkonferenzen und Lehrer – gemäß der Selbstfindung der Schüler – die Geschichtsinhalte. Eine Kommunikation unter Abiturienten unterschiedlicher Bundesländer, demnächst auch wohl innerhalb der Bundesländer, wird zunehmend schwieriger, wenn nicht unmöglich. Der Geschichtsunterricht wird von einer Zangenbewegung einerseits der Reduzierung, andererseits der Atomisierung erfaßt. Bedroht sind also die Fähigkeit zu sachlicher Diskussion, die Kommunikationsfähigkeit, das wissenschaftspropädeutische Lernen und der Wissenschaftsbezug.“
Hier feuert der Verband der Geschichtslehrer fast Breitseiten gegen Überlegungen ab, wie denn ein zeitgemäßer Geschichtsunterricht auszusehen

---

1 GWU 46 (1995), S. 183 ff.

habe. Unterstellt wird dabei in geradezu grotesker Weise, dass der bisherige Geschichtsunterricht Ziele wie Kommunikationsfähigkeit, wissenschaftspropädeutisches Lernen u.a. irgendwie erreicht habe, Leistungen, die nun durch eine neue Orientierung in Frage gestellt würden. Abiturienten aus einem, geschweige denn aus verschiedenen Bundesländern könnten angeblich künftig kaum mehr miteinander kommunizieren. Sprachlosigkeit herrscht nun vielleicht über den Investiturstreit oder den deutsch-dänischen Krieg, Fragen, mit denen sich unsere Schülerinnen und Schüler auf Zeltlagern so gerne auseinandersetzen ...

Hier wird implizit das alte Hohelied auf den „zweiten Durchgang" durch die Geschichte gesungen. Tatsächlich handelt es sich bei diesem Konzept des „zweiten Durchgangs" um eine Idée fixe, die wohl kaum einer früheren Unterrichtsrealität entsprach, geschweige denn mit gegenwärtigen geschichtstheoretischen Einsichten zur Deckung zu bringen (vgl. Kapitel 1 und 2) ist. Die Verbandsfunktionäre halten vielmehr an einer Chimäre fest und immunisieren sich vollständig gegenüber zweifelnden Fragen nach den tatsächlichen fachlichen oder wissenschaftspropädeutischen Erträgen derartiger Bemühungen. Eine unproduktivere Haltung gegenüber unterrichtspraktisch einlösbaren Zielen des gymnasialen Geschichtsunterrichts in der Sekundarstufe II lässt sich kaum denken. Merkwürdigerweise fordern aber die Autoren des zitierten Berichts:
„Wir wollen, daß unsere Schülerinnen und Schüler in den Stand gesetzt werden, den Verlautbarungen zur Geschichte, der Inanspruchnahme der Geschichte für aktuelle Politik diskursiv begegnen können, und aus der Tiefendimension historischen Wissens über die Möglichkeiten der Menschen urteilen lernen. Wir dürfen sie nicht zu Gefangenen von vorgefertigten Geschichtsbildern werden lassen." Exakt diese Zielvorstellung wird mit Klafkis Modell der Reflexion von Schlüsselproblemen gefordert – und genau diese Intention wird auch in dem vorliegenden Band verfolgt![2]

Von Schülerinnen und Schülern, die die Sekundarstufe II durchlaufen haben, sollte erwartet werden können, dass sie relevante Gegenwartsprobleme zumindest ansatzweise mit Blick auf ihre historische Genese einordnen, im Lichte kontroverser Einschätzungen betrachten und ihre politisch-ideologischen Implikationen reflektieren können. Durch-

2 Vgl. zur – auch gegenüber Klafki – kritischen Diskussion von „Schlüsselproblemen" Reeken, Dietmar von, Wer hat Angst vor Wolfgang Klafki? Der Geschichtsunterricht und die „Schlüsselprobleme", in: GWU 50 (1999), S. 292-304.

forstet man relevante aktuelle thematische Diskurse und Schlüsselprobleme der Gegenwart[3], die auch in der nächsten Zeit nicht an Bedeutung verlieren werden, schälen sich einige zentrale Bereiche heraus, die in einem der Allgemeinbildung[4] dienenden zeitgemäßen Oberstufenunterricht eine zentrale Rolle spielen sollten:

- Von unverminderter Aktualität ist der Rassismus und Antisemitismus der Neuzeit, der Zivilisationsbruch von 1933 und der Genozid an Minderheiten, die einer ständigen Erinnerung und historischen Vergewisserung (vgl. hierzu Kapitel 9) bedürfen.
- Die dramatische Migration zumal im 19. und erst recht im 20. Jahrhundert bildet eine riesige Herausforderung nicht nur für europäische Gesellschaften; mit diesem Phänomen und den entsprechenden sozialen Chancen und Problemen ist in der Folgezeit in noch weitaus stärkerem Maße zu rechnen.
- Zu den ungelösten und drängenden Problemen der Ersten, Zweiten und Dritten Welt zählt weiterhin die innere Nationalstaatsbildung – man denke an die inneren Probleme der GUS, des ehemaligen Jugoslawien, der Türkei oder an die Staaten Schwarzafrikas. Der Nationalstaat ist eben nicht nur ein Thema des 19. Jahrhunderts. Der Nationalismus wird auch und immer noch im 3. Jahrtausend eine eminent konfliktträchtige soziale Integrations- und politische Sprengkraft bilden.
- Zu diesem Zusammenhang ungelöster Zukunftsaufgaben gehören die Spätfolgen des Kolonialismus und der Dekolonisation in nahezu allen Ländern der Dritten Welt, gleichgültig, ob man nach Vietnam, Mexiko oder Algerien blickt. Der Geschichtsunterricht muss an exemplarischen Beispielen gegenwärtige Konfliktsituationen im Licht ihrer vielschichtigen historischen Entwicklung und kontroverser theoretischer Erklärungsansätze thematisieren und dabei endlich mutig und intensiver über den mitteleuropäischen Tellerrand blicken.
- Das neue Problem des „Generationenvertrags" verweist exemplarisch auf das fundamentalere Problem der Krise des modernen In-

---

3 Vgl. etwa auch die Überlegungen von Borries, Bodo von, Inhalte oder Kategorien? Überlegungen zur kind-, sach-, zeit- und schulgerechten Themenauswahl für den Geschichtsunterricht, in: GWU 46 (1995), S. 421-435.

4 Vgl. zum Folgenden auch Klafki, Wolfgang, Allgemeinbildung für eine humane, fundamental-demokratisch gestaltete Gesellschaft, in: Bundeszentrale für politische Bildung (Hg.), Umbrüche in der Industriegesellschaft. Herausforderungen für die politische Bildung, Bonn 1990, S. 297-310.

terventions- und Sozialstaats. Dabei sind zugleich Aspekte der Familien- und der Geschlechtergeschichte, von Männer- und Frauenbildern berührt.

- Diese Thematik kann auch in reizvoller Weise mit der Körpergeschichte (z.B. der Entwicklung der Hygiene und Sexualität) verknüpft werden. Hierzu liegen bereits zahlreiche Forschungsarbeiten und einige Unterrichtsmaterialien vor. Diese eignen sich hervorragend zur Thematisierung von Bedingungen des Aufwachsens und der geschlechtsspezifischen Sozialisation und ihren politischen und ökonomischen Folgewirkungen.
- Das Thema europäische Integration ist nicht nur ein mitteleuropäisches Thema, das auf die politische und ökonomische Logik der „Europäischen Gemeinschaft für Kohle und Stahl" bis zur „Wirtschafts- und Währungseinheit" und „Europäischen Union" eingeht. Betrachtet man die „Ränder" der künftigen europäischen Union, gewinnt man differenzierte Einblicke in die Probleme des Integrationsprozesses. Auch hier sollte sich der Geschichtsunterricht nicht in vertraute Nischen zurückziehen, sondern den historischen Unterricht als eine Chance zur Erörterung von Herausforderungen der Gegenwart begreifen.
- Ähnliches gilt für das vermeintliche „Modethema" „Mensch und Umwelt". Hier bewegt sich die Geschichtswissenschaft nicht mehr in den Kinderschuhen. Nach schrillen, ja schier apokalyptischen Tönen in den 1970er und 1980er Jahren versprechen neuere historische Studien differenzierte Einblicke etwa über die ökologischen Aspekte der Siedlungsformen des Altertums, der Rodungen im Mittelalter, den Strukturwandel von der Industrie- zur Dienstleistungsgesellschaft, der auch „vor Ort" in Längsschnitten erkundet werden kann. Dabei könnte die Beschränktheit von natürlichen Ressourcen ebenso thematisiert werden wie die weltweiten Folgen, die mit einer Verallgemeinerung des westlichen Lebensstils verbunden sind.
- Und schließlich könnte bei der unterrichtlichen Thematisierung der Außenpolitik ein klassischer Tummelplatz von nationalen Macht- und Omnipotenzfantasien der Aspekt der Friedenssicherung deutlicher akzentuiert werden.
- Sind die westlichen Menschen- und Lebensrechte universal oder nur ein „westliches" Postulat? Die Auseinandersetzung um die Menschenrechte gehört zu den zentralen sozialen und politischen Zukunftsaufgaben, zu denen auch die Geschichtsdidaktik und der Geschichtsunterricht beitragen können.

Diese Liste will keinen Anspruch auf Vollständigkeit erheben, wohl aber sind relevante Aspekte eines an gegenwärtigen Schlüsselfragen orientierten Geschichtsunterrichts akzentuiert, die gerade einer historischen Aufklärung bedürfen und zu denen die Schülerinnen und Schüler der Sekundarstufe II nicht nur über ein solides Wissen verfügen, sondern auch differenziert urteilen können sollten. Hierzu ist eine fachübergreifende Kooperation gefordert und eine mutige Abkehr von dem historischen Klein-Klein, auf den sich der primär an ereignisgeschichtlichen Abläufen orientierte traditionelle Geschichtsunterricht zu sehr konzentriert, der aber damit die vielfältigen Chancen des Geschichtsunterrichts nicht ausschöpft.

Ausgewählte Literatur

Bergmann, Klaus, Geschichtsdidaktik. Beiträge zu einer Theorie historischen Lernens, 2. Aufl., Schwalbach/Ts. 2000

Bergmann, Klaus; Kuhn, Annette; Rüsen, Jörn; Schneider, Gerhard (Hg.), Handbuch der Geschichtsdidaktik, 5. Aufl., Seelze-Velber 1997

Bildungskommission NRW, Zukunft der Bildung. Schule der Zukunft. Denkschrift der Kommission „Zukunft der Bildung – Schule der Zukunft" beim Ministerpräsidenten des Landes Nordrhein-Westfalen, Neuwied 1995

Borries, Bodo von, Geschichtslernen und Geschichtsbewusstsein. Empirische Erkundungen zu Erwerb und Gebrauch von Historie, Stuttgart 1988

Borries, Bodo von, Inhalte oder Kategorien? Überlegungen zur kind-, sach-, zeit- und schulgerechten Themenauswahl für den Geschichtsunterricht, in: GWU 46 (1995), S. 421-435

Borries, Bodo von, Geschichtsunterricht in der Gymnasialen Oberstufe. Realisierung, Systematik, Exemplarik, Ergebnissicherung, in: Zeitschrift für Pädagogik 42 (1996), S. 519-539

Borries, Bodo von, Imaginierte Geschichte. Die biografische Bedeutung historischer Fiktionen und Phantasien, Köln–Weimar–Wien 1996

Borries, Bodo von, Jugend und Geschichte. Ein europäischer Kulturvergleich aus deutscher Sicht, Opladen 1999

Daniel, Ute, Clio unter Kulturschock. Zu den aktuellen Debatten der Geschichtswissenschaft, in: GWU 48 (1997), S. 195-219 u. S. 259-278

Dittmer, Lothar; Siegfried, Detlef (Hg.), Spurensucher. Ein Praxisbuch für historische Projektarbeit, Weinheim–Basel 1997

Evans, Richard J., Fakten und Fiktionen. Über die Grundlagen historischer Erkenntnis, Frankfurt/M.–New York 1998

Frei, Norbert, Vergangenheitspolitik. Die Anfänge der Bundesrepublik und die NS-Vergangenheit, München 1997

Friedrich Jahresheft XV (1997), Lernmethoden – Lehrmethoden. Wege zur Selbstständigkeit

Fritz, Gerhard, Archivnutzung im Geschichtsunterricht. Möglichkeiten und Grenzen, in: GWU 48 (1997), S. 445-461

Füßmann, Klaus; Grütter, Heinrich Theodor; Rüsen, Jörn (Hg.), Historische Faszination. Geschichtskultur heute, Köln–Weimar–Wien 1994

Gudjons, Herbert, Verbinden – koordinieren – übergreifen: Qualifizierter Fachunterricht oder fächerübergreifendes dilletieren?, in: Pädagogik 9 (1997), S. 41f.

Hentig, Hartmut von, Bildung. Ein Essay, München–Wien 1996

Jeismann, Karl-Ernst, Geschichte als Horizont der Gegenwart, Paderborn 1985

Jeismann, Karl-Ernst, Geschichtsbewusstsein als zentrale Kategorie der Geschichtsdidaktik, in: Schneider, Gerhard (Hg.), Geschichtsbewusstsein und historisch-politisches Lernen, Pfaffenweiler 1988, S. 1-24

Klafki, Wolfgang, Allgemeinbildung für eine humane, fundamental-demokratisch gestaltete Gesellschaft, in: Bundeszentrale für politische Bildung (Hg.), Umbrüche in der Industriegesellschaft. Herausforderungen für die politische Bildung, Bonn 1990, S. 297-310

Klafki, Wolfgang, Neue Studien zur Bildungstheorie und Didaktik. Zeitgemäße Allgemeinbildung und kritisch-konstruktive Didaktik, Weinheim–Basel, 1994

Lange, Thomas, Zwischen Zimelien und Zensuren. Anmerkungen zu Gerhard Fritz „Archivnutzung im Geschichtsunterricht", in: GWU 50 (1999), S. 43-49

Lorenz, Chris, Konstruktion der Vergangenheit. Eine Einführung in die Geschichtstheorie, Köln–Weimar–Wien 1997

Niethammer, Lutz, Über Kontroversen in der Geschichtswissenschaft, in: Schneider, Gerhard (Hg.), Geschichtsbewusstsein und historisch-politisches Lernen, Pfaffenweiler 1988, S. 205-230

Pandel, Hans-Jürgen; Schneider, Gerhard (Hg.), Handbuch Medien im Geschichtsunterricht, Schwalbach/Ts. 1999

Pandel, Hans-Jürgen, Postmoderne Beliebigkeit. Über den sorglosen Umgang mit Inhalten und Methoden, in: GWU 50 (1999), S. 282-291

Reeken, Dietmar von, Wer hat Angst vor Wolfgang Klafki? Der Geschichtsunterricht und die „Schlüsselprobleme", in: GWU 50 (1999), S. 292-304

Rüsen, Jörn, Geschichtskultur, in: GWU 46 (1996), S. 513-521

Rüsen, Jörn, Was ist Geschichtskultur? Überlegungen zu einer neuen Art, über Geschichte nachzudenken, in: Füßmann, Klaus; Grütter, Heinrich Theodor; Rüsen, Jörn, Historische Faszination. Geschichtskultur heute, Köln–Weimar–Wien 1994, S. 3-26

Sauer, Michael, Bilder im Geschichtsunterricht. Typen, Interpretationsmethoden, Unterrichtsverfahren, Seelze-Velber 2000

Schneider, Gerhard, Über den Umgang mit Quellen im Geschichtsunterricht, in: GWU 45 (1994), S. 73-90

Schörken, Rolf, Begegnungen mit Geschichte. Vom außerwissenschaftlichen Umgang mit Historie in Literatur und Medien, Stuttgart 1995

Schulze, Hagen, Gibt es überhaupt eine deutsche Geschichte?, Stuttgart 1998

Schulze, Winfried (Hg.), Sozialgeschichte, Alltagsgeschichte, Mikro-Historie. Eine Diskussion, Göttingen 1994

Sekretariat der Ständigen Konferenz der Kultusminister der Länder in der Bundesrepublik Deutschland (Hg.), Weiterentwicklung der Prinzipien der gymnasialen Oberstufe und des Abiturs. Abschlussbericht der von der Kultusministerkonferenz eingesetzten Expertenkommission, Kiel 1995

White, Hayden, Die Bedeutung der Form. Erzählstrukturen in der Geschichtsschreibung, Frankfurt/M. 1990

White, Hayden, Auch Klio dichtet oder Die Fiktion des Faktischen, Stuttgart 1991

Wunderer, Hartmann, „Nichts veraltet heute schneller als das Wissen". Probleme und Profile des Geschichtsunterrichts in der gymnasialen Oberstufe, in: GL 68 (1999), S. 9-16

Aus unserem Geschichtsprogramm

Fundus und Methoden

Bergmann, Klaus: Multiperspektivität. Geschichte selber denken, ISBN 3-87920-742-9, 300 Seiten, DM 36,–

Henke-Bockschatz, Gerhard: Industrialisierung, ISBN 3-87920-745-3, ca. 28,– (i.V.)

Magull, Gabriele: Sprache oder Bild? Unterrichtsforschung zur Entwicklung von Geschichtsbewusstsein, ISBN 3-87920-434-9, 154 Seiten, DM 38,–

Pandel, Hans-Jürgen: Quelleninterpretation. Die schriftliche Quelle im Geschichtsunterricht, ISBN 3-87920-741-0, 240 Seiten, DM 28,–

Schneider, Gerhard: Gelungene Einstiege. Voraussetzung für erfolgreiche Geschichtsstunden, ISBN 3-87920-740-2, 168 Seiten, DM 26,–

Schneider, Gerhard: Die Französische Revolution, ISBN 3-87920-746-1, ca. DM 28,– (i.V.)

Steinert, Dieter/Dennis, Mike: Deutschland nach 1945, ISBN 3-87920-747-X, ca. DM 28,–

Wunderer, Hartmann: Geschichtsunterricht in der Sekundarstufe II, ISBN 3-87920-744-5, 180 Seiten, DM 26,–

Schreiber, Waltraud: Außerschulische Lernorte, ISBN 3-87920-744-5, ca. DM 28,– (i.V)

Forum Historisches Lernen

Bergmann, Klaus: Geschichtsdidaktik. Beiträge zu einer Theorie historischen Lernens, ISBN 3-87920-431-4, 344 Seiten, DM 58,–

Bergmann, Klaus (Hrsg.): Wie weiter? Zur Zukunft des Geschichtsunterrichts, ISBN 3-87920-435-7, ca. 220 Seiten, ca. 48,– (i.V)

Gies, Horst (Hrsg.): Nation und Europa in der historisch-politischen Bildung, ISBN 3-87920-433-0, 323 Seiten, DM 58,–

Pandel, Hans-Jürgen/Schneider, Gerhard (Hrsg.): Handbuch Medien im Geschichtsunterricht, ISBN 3-87920-430-6, 672 Seiten, DM 84,–

Urban, Andreas: Von der Gesinnungsbildung zur Erlebnisorientierung (Museumspädagogik), ISBN 3-87920-432-2, 270 Seiten, DM 52,–

Allgemeines Programm

Ansprenger, Franz: Wie unsere Zukunft entstand. Von der Erfindung des Staates zur internationalen Politik. Ein kritischer Leitfaden, ISBN 3-87920-055-6, 320 Seiten, DM 39,80

Pellens, Karl (Hrsg.): Historische Gedenkjahre im politischen Bewußtsein. Identitätskritik und Identitätsbildung in Öffentlichkeit und Unterrich,t ISBN 3-87920-375-X, 244 Seiten, DM 24,–

Pellens, Karl (Hrsg.): Migration und Integration im historisch-politischen Unterricht, ISBN 3-87920-387-3, 272 Seiten, DM 30,–

Niemetz, Gerold (Hrsg.): Vernachlässigte Fragen der Geschichtsdidaktik, ISBN 3-87920-376-8, 218 Seiten, DM 24,–